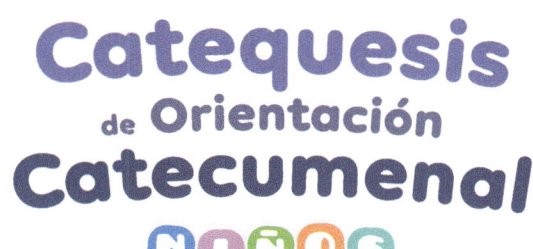

# Catequesis de Orientación Catecumenal niños

## Nivel 1

### Los autores

**José Antonio Abad**

Ha dirigido muchos años el Catecumenado Diocesano de Burgos.
Es autor de diversos libros de liturgia y de artículos sobre el catecumenado y director del Diccionario del *Agente de Pastoral Litúrgica*. Ha dedicado su vida a la docencia de la Liturgia y de la Eucaristía en la Facultad de Teología del Norte de España, sede de Burgos.

**Pedro de la Herrán**

Es doctor en Filosofía y licenciado en Derecho Civil. Fue el iniciador del Departamento de Pedagogía Religiosa de la Facultad de Teología de la Universidad de Navarra.
Es autor de numerosos textos de enseñanza religiosa escolar y de catequesis.

**Gloria Galán**

Es madre de familia. Graduada en Magisterio. Ha sido profesora de Religión y Directora de un Club juvenil. Lleva dedicada muchos años a la catequesis, actividad que sigue desarrollando con ilusión. Ha participado en la autoría de diversos libros de catequesis.

«Hemos redescubierto que en la catequesis tiene un rol fundamental el primer anuncio o «kerygma», que debe ocupar el centro de la actividad evangelizadora»
(Papa Francisco EG n. 164)

«El modelo de toda la iniciación cristiana es el catecumenado de adultos.
Por tanto, la iniciación cristiana de los niños ha de hacerse según este esquema de ideas y modelos: etapas, ritos, procesos»
(Mons. José Rico Pavés. Obispo de Jerez de la Frontera)

«El catecumenado también puede inspirar la catequesis de aquellos que, a pesar de haber ya recibido el don de la gracia bautismal, no disfrutan efectivamente de su riqueza. Estas personas pueden ser llamadas cuasi catecúmenos: cf. CT 44»
(Nuevo Directorio para la Catequesis, n. 61. III-2020)

«La catequesis familiar debe preceder, acompañar y enriquecer cualquier otra forma de catequesis»
(Juan Pablo II, CT, 68)

*Nihil obstat*
*Arzobispado de Burgos · 12 de enero de 2022 · Ildefonso Asenjo Quintana*

Catequesis de Orientación Catecumenal de Niños · Nivel 1
© José Antonio Abad, Pedro de la Herrán, Gloria Galán 2022
© Ediciones Palabra, S.A., 2025
Ronda del Caballero de la Mancha, 59 – 28034 Madrid
Telf.: (34) 91 350 77 20 – (34) 91 350 77 39
www.palabra.es
palabra@palabra.es
ISBN: 978-84-1368-486-4
DEPÓSITO LEGAL: M-19.273-2025
Diseño y maquetación: Pablo Larrocha  //  Ilustraciones: Mariola Boes  //  Fotografías y recursos: Shutterstock.es · Freepik.com
Impreso en España-Printed in Spain

www.edicionesdya.com

En las últimas décadas, tras el Concilio Vaticano II, han proliferado los instrumentos al servicio de la catequesis. Junto a los catecismos han aparecido guías, materiales complementarios, recursos catequéticos, etc., orientados cada vez con más precisión al desarrollo de la acción catequética. Bien sabemos que los libros solos "no hacen la catequesis", pero pueden ser una gran ayuda. La obra que aquí se presenta, con el título "Catequesis de orientación catecumenal", responde muy bien a las exigencias del momento presente en la transmisión de la fe: puede ser utilizada en el ámbito de la familia, de la parroquia, de la escuela o de los movimientos eclesiales; tiene en cuenta la actual situación de secularización y da prioridad al testimonio evangelizador; ofrece un planteamiento catecumenal de la iniciación cristiana con un programa que mira al itinerario completo para llegar a ser cristianos y no a la sola recepción de un sacramento; y, algo muy importante, no suplanta el catecismo oficial de la Conferencia Episcopal Española "Jesús es el Señor", sino que remite a su enseñanza ayudando a poner en ejercicio las cuatro dimensiones que deben estar siempre presentes en la catequesis (confesión de la fe, celebración, compromiso y oración).

Por todo ello, felicito de corazón a los autores don Pedro de la Herrán y don José Antonio Abad, veteranos expertos en las tareas catequéticas, y a los demás miembros del equipo de redacción.

**+ José Rico Pavés**
*Obispo de Jerez de la Frontera*
*y Presidente de la Comisión Episcopal*
*de Evangelización, Catequesis y Catecumenado.*

# Índice

## NIVEL 1

Este nivel es una síntesis muy elemental del Símbolo de la Fe o Credo.

| | | |
|---|---|---|
| 1 | El mundo que ha hecho Dios (por Amor) | *Compendio del CEE nn. 51-59* |
| 2 | Dios me ha regalado la vida (por Amor) | *Compendio del CEE nn. 66-72* |
| 3 | Los hombres se alejaron de Dios (el pecado original) | *Compendio del CEE nn. 73-78* |
| 4 | Y María dijo "sí" a Dios (el Avemaría) | *Compendio del CEE nn. 85-100* |
| 5 | Jesús nace en Belén (la Navidad) | *Compendio del CEE nn. 81-87* |
| 6 | Jesús Niño en Nazaret (la Sagrada Familia) | *Compendio del CEE nn. 103-104* |
| 7 | El Bautismo de Jesús (la Buena Noticia) | *Compendio del CEE nn. 105-108* |
| 8 | Jesús nos enseña a rezar (el Padrenuestro) | *Compendio del CEE nn. 578-586* |
| 9 | Jesús nos enseña a amar (y a compartir) | *Compendio del CEE nn. 386-388* |
| 10 | Jesús se queda con nosotros (presencia real) | *Compendio del CEE nn. 120* |
| 11 | Muerte y Resurrección de Jesús (el Día del Señor) | *Compendio del CEE nn. 118-131* |
| 12 | La Ascensión y el Espíritu Santo (y venida del Espíritu Santo) | *Compendio del CEE nn. 132 y 136* |

## NIVEL 2

**PRIMERA PARTE DEL CREDO APOSTÓLICO:** *"Creo en Dios, Padre todopoderoso... Creo en Jesucristo, su único Hijo...; nació de Santa María Virgen"*, con algunos complementos.

| | | |
|---|---|---|
| 1 | **Dios, creador del mundo y del hombre** | *Compendio del CEE, nn. 50-59* |
| 2 | **Adán y Eva.** *Tentación, pecado y promesa de un Salvador* | *Compendio nn. 66, 67, 70-78* |
| 3 | **El arcángel Gabriel.** *Anuncia a María la venida del Salvador* | *Compendio nn. 81, 85, 86* |
| 4 | **La Virgen María.** *La mujer que Dios hizo Madre suya* | *Compendio nn. 94-100* |
| 5 | **José, de la casa de David.** *El elegido por Dios para cuidar de su Hijo y de su madre* | *Compendio nn. 98, 104* |
| 6 | **Jesús, el Salvador.** *Nacido en Belén de Judá* | *Compendio nn. 82, 83, 85* |
| 7 | **Herodes.** *El perseguidor del Rey de Israel, que hizo de Jesús el primer emigrante cristiano* | *Compendio nn. 103* |
| 8 | **El amigo de infancia de Jesús.** *Y que narra su vida oculta* | *Compendio nn. 104* |
| 9 | **Juan Bautista.** *Bautizó a Jesús, escucha la voz del Padre y ve descender sobre Él al Espíritu Santo* | *Compendio nn. 105* |
| 10 | **Los novios de Caná.** *Testigos del milagro por la intercesión de María* | *Compendio nn. 337, 338* |
| 11 | **Llevan un paralítico a Jesús.** *Y Él perdonó sus pecados y le curó* | *Compendio nn. 297, 298, 303-306* |
| 12 | **El vecino de Betsaida.** *Escuchó a Jesús el Sermón de la montaña* | *Compendio nn. 358-362, 428, 578. 579* |

# Razones para implantar el catecumenado de niños en España

Sin duda, hay **razones de peso que justifican la implantación y el impulso del *catecumenado de niños* en España** como *camino para alimentar y vivificar la propia fe y la conversión personal a Jesucristo. Señalamos algunas:*

**1** Según las últimas estadísticas, el 50% de los niños nacidos en España en los últimos años no ha recibido el Bautismo.

**2** La Conferencia Episcopal Española recomienda desde hace años el *catecumenado de niños en edad escolar.* Su Plan Pastoral para 2021-2025 señala la evangelización como objetivo prioritario a todos los niveles.

**3** «*Hemos redescubierto que también en la catequesis tiene un rol fundamental el primer anuncio o "kerygma", que debe ocupar el centro de la actividad evangelizadora*» (Papa Francisco, "La alegría del Evangelio", n. 164).

**4** El nuevo *Directorio para la Catequesis* (2020) hace una llamada a favor del *catecumenado de niños*, tanto de los que piden el bautismo como, en sentido analógico, de niños bautizados pero con una vivencia cristiana deficiente (*cf. n.62*).

**5** Por otra parte, *promueve la catequesis de orientación catecumenal*, que, aunque no asume al pie de la letra el catecumenado, recoge su estilo y dinamismo formativo, lo cual reclama actualmente la pastoral catequética.

**6** En todo caso, los catequistas, más que preparar para un determinado sacramento, deben buscar *hacer verdaderos discípulos de Jesucristo, asumiendo la Palabra de Dios como elemento básico para revitalizar la fe en todas sus dimensiones: profesarla, celebrarla, vivirla y orarla.*

**7** Y, sobre todo, es **esencial buscar la implicación de los padres**. Este debería ser el principal objetivo de las catequesis con niños. Esta es una dimensión importante de nuestro Proyecto. Los padres que comienzan a interesarse por educar la fe en sus pequeños refuerzan su propia fe, aunque esta sea muy débil, pues "la fe crece cuando se transmite" *(Benedicto XVI)*.

# PROYECTO "CATEQUESIS DE ORIENTACIÓN CATECUMENAL" NIÑOS

## Justificación del proyecto

El presente subsidio parte de un dato de experiencia. Muchos niños de 6-14 años no han recibido el Bautismo y no tienen la fe teologal; otros muchos, que sí están bautizados, cuando piden completar su iniciación cristiana con la Confirmación y primera Eucaristía, presentan un estado de cosas muy similar a los no bautizados en cuanto a la vivencia de la fe.

Dada la secularización creciente del medio ambiente y otras circunstancias, sobre todo de tipo familiar, parece que este estado de cosas se afianzará en los próximos años. Por esto es importante dar paso a procesos catequético-pastorales que sean respuesta a esta situación y preparar materiales de *tipo catecumenal* para los que piden el bautismo en esa edad de 6-14 años y de *orientación catecumenal* para los que los que, a esa misma edad, completan su iniciación con una vivencia muy baja de la fe.

El presente subsidio trata de ser una modesta contribución a esta nueva realidad.

## A quiénes va destinado

Esto explica que sus destinatarios sean los *niños no bautizados* en su infancia que piden el bautismo durante el período escolar: de 6-14 años, y los que, *bautizados al poco de nacer y piden la Primera Eucaristía y Confirmación hacia los 6-14*, presentan un nivel muy bajo en la vivencia de la fe. Es decir, los catecúmenos en sentido estricto y los que se pueden considerar *cuasicatecúmenos*, como les califica el nuevo Directorio para la Catequesis (Cf. n° 61).

«El catecumenado también puede inspirar la catequesis de aquellos que, a pesar de haber ya recibido el don de la gracia bautismal, no disfrutan efectivamente de su riqueza. Estas personas pueden ser llamadas cuasi catecúmenos: cf. CT 44»

**Nuevo Directorio para la Catequesis, n. 61. 23 de marzo de 2020**

Aunque en las diócesis van surgiendo pequeños grupos de niños *catecúmenos*, todavía el número que los integra es pequeño. En cambio, aún es numeroso el de los *cuasicatecúmenos*. Por ello, será muy frecuente que los *catecúmenos* se integren en un grupo de *cuasicatecúmenos* de su misma edad y formen un *grupo mixto*. Por ello, los destinatarios del presente subsidio son estos *tres grupos*:

1º **Niños en edad escolar que son propiamente catecúmenos** que realizan su proceso en un grupo homogéneo o mixto;

2º **niños de edad escolar** que piden completar su iniciación cristiana y tienen un **nivel de fe práctica muy pequeño o nulo**; y

3º También pueden ser útiles estos subsidios a **padres de familia** que deciden usar "de modo autónomo" estos libros en su hogar para hacer **Catequesis Familiar** y así transmitir la fe a sus hijos de estas edades. En estos casos convendrá que esos padres de familia actúen de acuerdo con la parroquia, el colegio o el movimiento.

## Objetivo fundamental

Según esto, el objetivo básico y fundamental que se pretende no puede ser otro que el de suscitar o potenciar la fe. Eso explica que la *Palabra de Dios* sea el elemento que condiciona, aglutina y estructura todos los contenidos. Porque la fe llega por el anuncio de esa Palabra.

En consecuencia, no está pautado para trasmitir saberes y conocimientos sino para provocar o potenciar la fe. Como es lógico, no se obvian los saberes, porque una fe sin contenidos sería pura ficción. Sólo se quiere decir que la Palabra de Dios ocupa el puesto central y es el manantial del que fluye todo lo demás.

## Cuáles son sus contenidos

El presente subsidio está estructurado según el *Credo Apostólico*. Por eso, parte de Dios Creador y de la promesa del Redentor, pasa luego a Jesucristo y concluye con la

Iglesia y la vuelta definitiva del Señor. Sin embargo, no es una explicación escolar de cada uno de los artículos del Credo. Al contrario, dichos artículos van apareciendo al hilo de la historia de la salvación, tal como la presenta la Sagrada Escritura.

Por eso, todo él gira en torno a **Jesucristo**. Porque a él se refiere todo el Antiguo Testamento, de él habla el Nuevo y a él anuncia la Iglesia, cuyo camino se sitúa entre Pentecostés y la venida definitiva del Señor.

Ahora bien, como se trata de un subsidio de orientación catecumenal, la fe es presentada en su globalidad. Es decir, como realidad *profesada, celebrada, practicada y rezada*. De ahí que contenga muchas referencias a la liturgia, a la vivencia y a la oración. Sin olvidar algunos **signos** fundamentales del cristiano, como la señal de la cruz y otros.

Todo este bagaje aparece a lo largo de cuatro años, a los que corresponden lo que hemos catalogado como nivel 1, nivel 2, nivel 3 y nivel 4.

**El Nivel 1** tiene un carácter inicial y ofrece a los niños de unos 7 años una síntesis muy elemental, pero necesaria, de la Historia de la Salvación.

**El *nivel* 2** se extiende desde "Creo en Dios, Padre todopoderoso, Creador del cielo y de la tierra" hasta "Creo en Jesucristo… que nació de Santa María Virgen", a lo cual se añade la vida oculta de Jesús y el comienzo de su ministerio público.

**El *nivel* 3** comprende fundamentalmente desde "padeció bajo el poder de Poncio Pilato" hasta "muerto y sepultado", ampliado con la entrada de Jesús en Jerusalén y la institución de la Eucaristía en la última Cena, con el fin de crear el marco de la pasión-muerte-sepultura del Señor.

**El *nivel* 4** comprende desde "al tercer día resucitó entre los muertos", pasando por las apariciones del Señor resucitado, su Ascensión, Pentecostés y los comienzos de la Iglesia, hasta la "resurrección de la carne y la vida eterna".

*En estas catequesis no se suplanta al catecismo oficial de la Conferencia Episcopal Española "Jesús es el Señor"*, sino que se remite con frecuencia a su enseñanza ayudando a poner en ejercicio las cuatro dimensiones de la catequesis: confesión de la fe, celebración, compromiso y oración.

**¿Sirven estas catequesis para preparar la Primera Confesión y la Primera Comunión?** Por supuesto. Los cuatro libros de la serie "Niños" ofrecen un programa que mira al itinerario completo para llegar a ser cristiano y remiten a las enseñanzas del Catecismo oficial "Jesús es el Señor".

Además, para facilitar la preparación próxima a los Sacramentos de la Penitencia y de la Eucaristía, **en la web www.edicionesdya.com habrá un apartado dedicado a la preparación próxima de esos Sacramentos.**

## La pedagogía

Los cuatro niveles siguen la misma metodología. Ésta se articula en torno a *cuatro puntos: la narración de historias, la pedagogía activa, los medios audiovisuales y la participación de los padres.*

La niñez se adapta mejor a la *narración de historias* que al discurso. Por este motivo, la doctrina se ha encarnado en *personajes,* los cuales van narrando en primera persona los contenidos. Por ejemplo, el burrito de Betfagé va contando al niño la entrada de Jesús en Jerusalén y el Centurión romano el camino de Jesús a la cruz, su crucifixión y su muerte.

La pedagogía *activa* es exigida por el dinamismo propio de la niñez. Un niño tiene que sentirse parte de lo que se le va diciendo, con preguntas, respuestas, intervenciones de diverso tipo. Por eso, todos los temas conceden un lugar importante a la actuación del niño.

El uso de *medios audiovisuales* es hoy imprescindible y facilita, si se usa con una justa medida, el interés, la atención y la comprensión. Todos los temas conceden un espacio a estos medios.

Finalmente, el niño forma parte de un *entorno familiar* del cual no se le puede ni se le debe aislar. Ciertamente la familia se encuentra hoy, con mucha frecuencia, en situaciones conflictivas, debido a múltiples factores. A pesar de todo, el niño sigue conectado existencialmente con su familia. Por ello, el presente subsidio ofrece un apartado familiar específico que él y sus padres –o uno de ellos–, deberían realizar conjuntamente.

# Encuentro 1
## EL MUNDO QUE HA HECHO DIOS

**Objetivo:** Saber explicar y dibujar que Dios es el Creador del mundo.

Catecismo "Jesús es el Señor", tema 4

### Lector

Hace "tropecientos mil millones de años" no había nada, nada, nada... Solo existía DIOS, que es AMOR. Y, por Amor, decidió crear todo cuanto existe: las cosas que ves en el dibujo y millones de cosas más... Lo hizo todo en seis días. Y al final del día sexto Dios creó al primer hombre y a la primera mujer, y los llamó Adán y Eva.

### Conversamos

–¿Quién ha hecho todo lo que existe? ¿Qué cosas creadas por Dios ves en el dibujo de Cuca y Kico? ¿Se te ocurre alguna cosa creada por Dios que no aparece en el dibujo?

## Cuca y Kico están de vacaciones

Kico y Cuca están pasando las vacaciones de verano en la casa de sus abuelos. Una tarde, Quico tuvo una idea:

—Cuca, ¿quieres que construyamos una granja? —propuso.

—¡Síííí!, ¡Qué buena idea! Necesitaremos tierra, piedrecitas, agua, un cubo...

Rápidamente se ponen manos a la obra: mezclan tierra con agua, la aprietan dentro del cubo y van haciendo "torreones"... Se mojan, pero ...¡qué gusto mojarse bajo el sol del verano!

Con las piedrecitas y muchos palitos hacen los muros, y con hierbas y flores, el jardín. Dentro colocan algunas hormigas, un saltamontes y dos grillos.

Al terminar su trabajo están bien mojados y cansados, pero muy contentos. La granja ha quedado genial. Se acerca la abuela y les pregunta:

—¿Qué habéis usado para hacer esta preciosa granja?

Cuca y Kico se lo explican con todo detalle. La abuela les recuerda que la tierra, el agua, las hierbas, los bichitos, el sol, el cielo y todo cuanto les rodea son cosas que Dios ha creado hace millones de años.

—¿Y qué usó Dios para crearlos? —pregunta Kico con los ojos muy abiertos.

—Dios no necesitó nada: ¡nada de nada! Por eso los hombres hacemos cosas usando lo que Dios ha creado antes, porque ¡SOLO DIOS ES CREADOR!

## PIENSA Y CONTESTA

¿Quién ha hecho el sol?
¿Y la tierra?

¿Y el agua? ¿Y los ríos?
¿Y los peces?

¿Y al hombre? ¿Y a la mujer?
¿Y quién da los hijos?

## La BIBLIA nos cuenta

**CATEQUISTA:** Ahora vamos a ver cómo la Biblia nos cuenta que Dios creó el mundo para nosotros y por amor.

---

**LECTOR:** "Al principio Dios creó el cielo y la tierra. La tierra no tenía forma y estaba vacía. Solo existía Dios. Y el Espíritu de Dios soplaba sobre las aguas... Y dijo Dios:

«Exista la luz». Y la luz comenzó a existir.

Vio Dios que la luz era buena y llamó "día" a la luz y "noche" a la oscuridad. Pasó una tarde y una mañana: este fue el primer día de la Creación. (Génesis 1, 1-5).

**CATEQUISTA:** Y así transcurrieron los demás días de la Creación...

Colorea de color verde el sol de la frase correcta y de rojo la que no lo es:

Al principio Dios creó el cielo y la tierra

 La tierra era cuadrada y de colorines

Dios dijo: "Exista la luz"

# ACTIVIDADES

link*

© Editorial Casals

¡Vamos a ver el vídeo "La creación del mundo"! Lo vamos comentando.

**Colorea** del color que se indica los números de los días de la creación y el dibujo de lo creado:

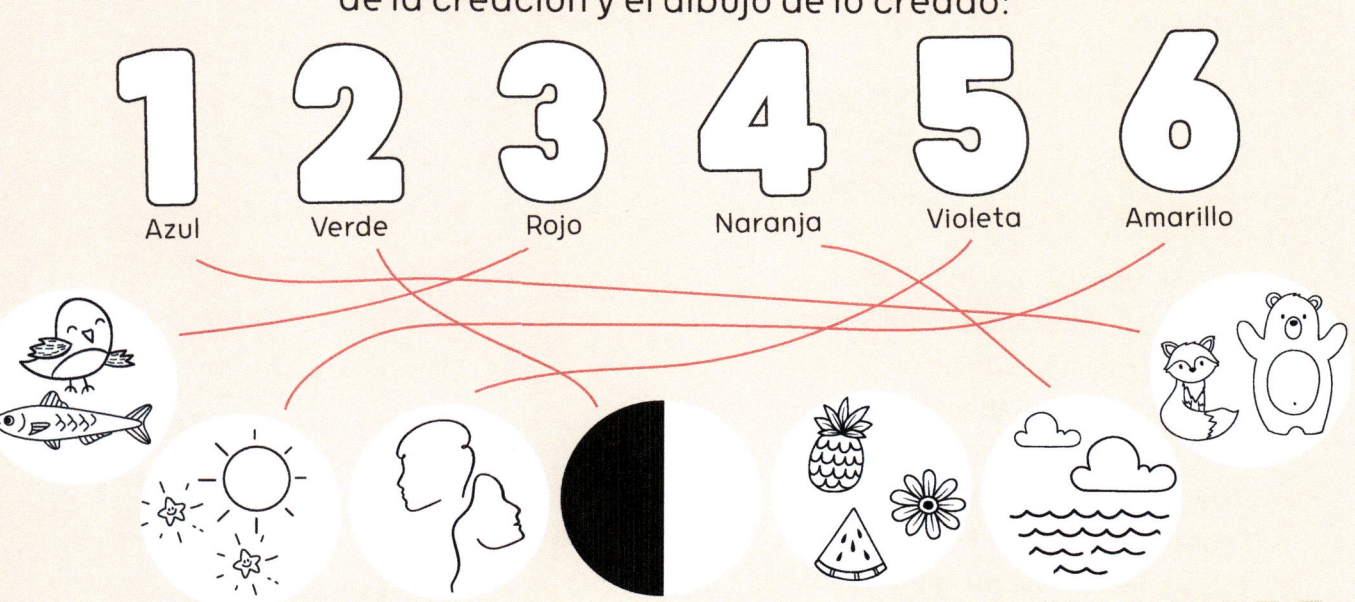

1 Azul  2 Verde  3 Rojo  4 Naranja  5 Violeta  6 Amarillo

## Elige la respuesta correcta:
### ¿Cómo creó Dios el mundo?

- ☐ Lo creó como un artista que pinta un cuadro.
- ☐ No necesitó nada: lo creó de la nada.
- ☐ Lo creó con mucho esfuerzo y al final quedó muy cansado.

*Para abrir el enlace, activa la cámara de tu móvil y apunta hacia el código QR. Dependiendo del móvil, puede que sea necesario descargar una App para leer códigos QR.

**CE LE BRA MOS**

Todos juntos hacemos la señal de la cruz.

**CATEQUISTA:** Vamos a encender una vela que simboliza la luz de Dios que ilumina el mundo. Con esta LUZ encendida **cantamos** la siguiente canción.

© Editorial Casals

### Bendecid al Señor

Sol y Luna, bendecid al Señor.
Astros del cielo, bendecid al Señor.
Lluvia y rocío, bendecid al Señor.
Vientos todos, bendecid al Señor.
Ben, ben, ben, bendecid al Señor.
Fuego y calor, bendecid al Señor.
Fríos y heladas, bendecid al Señor.
Luz y tinieblas, bendecid al Señor.
Rayos y nubes, bendecid al Señor.

Ahora ALABAMOS A DIOS por darnos la CREACIÓN como regalo para que la cuidemos:

Gracias, Padre Dios,
por darnos
tanta hermosura, tantas
maravillas,
todo lo que existe,
todo lo que nos rodea
toda tu Creación.
Gracias, Señor,
por este nuevo día.
Por abrir nuestros ojos
a tu hermosa Creación.
Por abrir nuestros oídos
a tu dulce voz.
Y nuestros labios a TU ALABANZA
reunidos en tu Amor.

**PARA MI VIDA**

Cada mañana, al despertarme, me levantaré y **daré gracias a Dios** por el nuevo día

## ORIENTACIONES PARA LOS PADRES:

Los niños admiran espontáneamente la grandeza y la belleza de las cosas creadas por Dios. Es importante ayudarles a que por sus obras lleguen a conocer y amar al **CREADOR**.

**1**
Hacemos la **señal de la Cruz**.

**2**
Vemos en familia el **vídeo** de la página 15 y lo comentamos.

**3** **Colorea** este dibujo y lo puedes comentar con tus papás:

### Conversamos:

¿Qué está haciendo ese niño?

¿Podrá ver algunas estrellas con su catalejo?

¿Y puede ver a Dios con ese cristal de aumento? ¿Por qué?

Cuando te has levantado esta mañana, había luz. ¿Quién ha hecho LA LUZ?

¿Y el AGUA para beber y lavarte?

Ahora pensamos en el PAN que comemos en casa… (Se puede explicar a los niños algún proceso de elaboración. Por ejemplo: cómo se hace el pan, para que descubran lo que aporta Dios Creador (el trigo, el agua, etc.) y lo que aporta el hombre y la mujer… (su ingenio, su trabajo, su amor…).

# Encuentro 2
## DIOS ME HA REGALADO LA VIDA

**Objetivo:** Saber explicar que solo Dios puede dar la vida a los seres humanos.

Catecismo "Jesús es el Señor", tema 3 y 4

**Lector**

Dios creó al hombre y a la mujer, de modo parecido a como un escultor hace una figura humana. Pero hay una diferencia muy grande: Dios no sólo nos dio un cuerpo, sino que nos regaló el alma. El alma no se ve, pero gracias a ella podemos pensar, aprender. Y, lo más importante, ¡AMAR!

**Conversamos**

¿En qué te diferencias tú de una escultura?
¿Sabes lo que es el "alma"?
¿Para qué nos ha dado Dios el alma?

## Cuca y Kico están en la playa

Kico y Cuca están en la playa. Se han quedado con la boca abierta mirando unas esculturas de arena que ha hecho un joven artista playero. Representan a un niño y una niña de unos 7-8 años jugando con una pelota.

El joven escultor se acerca a ellos.

—¿Os gustan? —les pregunta sonriendo.

—¡Muchísimo! —contestan Cuca y Kico entusiasmados. Kico añade:

—Has hecho lo mismo que Dios, que hizo un hombre y una mujer con barro.

El joven les mira divertido, pero niega con la cabeza y les explica:

—¡¡Noooo!! Es verdad que Dios hizo al hombre y a la mujer del barro de la tierra, pero mirad, mis personajes no son capaces de hablar, ni de respirar... son bonitos, pero nada más.

Luego pone la cara triste y continúa:

—Les falta lo más importante: ¡No pueden AMAR!

—¿Qué les falta? —pregunta Cuca.

—Les falta la VIDA —contesta el joven— les falta el... ¡ALMA! Además, cuando suba la marea, las olas se llevarán la arena y no quedará nada, ya lo veréis.

—¿Y no te da pena que duren tan poco? —le pregunta Cuca muy seria.

El joven se encoge de hombros y sonríe:

—Un poquito de pena sí me da; pero debéis saber que las obras de los hombres duran poco. Solo Dios puede crear la vida que dura para siempre.

## PIENSA Y CONTESTA

¿Qué les faltaba a esas figuras de barro? ¿Qué es lo que dura para siempre?

## La BIBLIA nos cuenta

**CATEQUISTA:** Dios ama al hombre y a la mujer por encima de todas las criaturas; por eso nos ha confiado toda la creación, llena de vida y belleza para que la cuidemos, la trabajemos y disfrutemos de ella todos los hijos de Dios.

- - - - - - - -

**LECTOR:** *Entonces dijo Dios: «Hagamos al hombre a nuestra imagen y semejanza; para que domine los peces del mar, las aves del cielo, los ganados, los reptiles y todos los animales de la tierra». Y creó Dios al hombre del polvo de la tierra. Sopló sobre él y le dio la vida.*

*A imagen de Dios lo creó, varón y mujer los creó.*

*Dios los bendijo y les dijo: «Creced y multiplicaos, llenad la tierra y dominadla; os doy todo lo que hay en la tierra para vuestro alimento». Vio Dios todo lo que había hecho, y era muy bueno. (Génesis 1, 26-31).*

**Pensamos** lo que significa:

**Leemos despacio y comentamos entre todos:**

Dijo Dios: **«Creced y multiplicaos»**: ¿Qué significan estas palabras de Dios?

¿Y estas otras?: **«Vio Dios que todo lo que había hecho era muy bueno»**.

# ACTI VIDA DES

link

© Editorial Casals

Vamos a ver el vídeo "Jesús Salvador", hasta la escena del "árbol de la vida", pues lo demás lo veremos en el encuentro 3.

Piensa en alguna cosa de la Creación que te gusta mucho y **dibújala** en este recuadro:

**Busca estas palabras en la "sopa de letras":**

DIOS       HOMBRE

MUJER      EVA

ADAN       ALMA

AMOR

21

| N | A | D | A | N | K | R | E |
|---|---|---|---|---|---|---|---|
| A | M | O | R | L | N | K | D |
| L | M | D | I | O | S | J | P |
| S | U | Z | E | V | A | Z | T |
| A | L | M | A | H | B | B | L |
| N | O | M | U | J | E | R | R |
| D | H | O | M | B | R | E | P |

**¡¡¡Vamos a cantar!!!**

Canal YouTube Pequeños Héroes

## Dios de la Creación

En el principio de la tierra,
sobre las aguas su Espíritu estaba.
Los ríos, los montes, todo tú creaste.
Las aves, las plantas y los animales. Con
tu voz creaste el universo.
Cielo y el sol, la luna y el mar.
Con tu voz fundaste las estrellas,
eres Dios de la creación.
Creaste al hombre con tus manos,

soplaste aliento en su nariz,
le diste la vida y que gobernara las aves,
las plantas y los animales.
Con tu voz creaste el universo, el cielo
y el sol, la luna y el mar.
Con tu voz fundaste las estrellas,
eres Dios de la creación.
Lalalalalala lala, lalalala lalalala.

**Dios es AMOR**, nos da amor y quiere que entre nosotros también haya mucho amor. Fíjate en lo que nos dice JESÚS en el Evangelio: *«Este es mi mandamiento: Que os améis los unos a los otros como yo os he amado»* (Juan, 15,12-13).

### PARA MI VIDA

Desde hoy mismo voy a ser amigo de todos los niños de mi clase, **me fijaré especialmente** en los que se quedan solos en el recreo.

22

# ORIENTACIONES PARA LOS PADRES:

Es muy importante que los niños entiendan la gran dignidad del ser humano desde el momento de su concepción. Estamos hechos para amar y para ser amados.

**1** Hacemos la **señal de la Cruz**.

**2**

Con ayuda de tus padres **coloca estas palabras** en los espacios adecuados:

Hombre · alma · mujer · cuerpo · los demás · Dios

El día sexto Dios creó al _____ y a la _____ .

Dios nos dio el _____ y el _____ .

Con el alma podemos amar a _____ y a los _____ .

**3**

**Escribe dentro de cada corazón** el nombre de una persona a la que quieras mucho. Luego inventa una frase para darle gracias a Dios porque ha puesto a esas personas en tu vida y escríbela debajo.

# Encuentro 3
## LOS HOMBRES SE ALEJARON DE DIOS

**Objetivo:** Los hombres, tentados por el diablo, desobedecieron a Dios.

Catecismo "Jesús es el Señor", nn 4 y 5

### Lector

Dios dijo a Adán y Eva: «podéis comer de todos los árboles del paraíso; pero del árbol de la ciencia del bien y del mal no comáis, porque si coméis de él, moriréis».

El demonio, disfrazado de serpiente, engañó a Eva, quien comió el fruto del árbol prohibido y luego lo dio a comer a Adán. Así, ni Adán ni Eva obedecieron a Dios y perdieron la amistad con Él. Un ángel les expulsó del paraíso y cerró las puertas del cielo.

### Conversamos

¿Obedecieron o no a Dios Adán y Eva? ¿Tuvo importancia ese pecado?

## ¡Cuántos males hay en el mundo!

Kico y Cuca están mirando el televisor y la abuela les pregunta:

—¿Qué estáis viendo?

Cuca contesta muy deprisa:

—Abu, hay una guerra en no sé dónde, y una epidemia, y además han detenido a unos ladrones que...

Cuca, pensativa, pregunta a su abuela:

—Si Dios creó todas las cosas buenas y quiere que seamos felices, ¿por qué pasan tantas cosas malas?

La abuela se sienta entre los niños y les explica por qué pasan tantas cosas malas en el mundo.

—Escuchad los dos: Adán y Eva desobedecieron a Dios y obedecieron al demonio. Ese pecado tan grande nos afecta a todos, pues desde entonces el mundo sufre la herida que le hacen los pecados de los hombres: guerras, robos, insultos, peleas... Pero como Dios nos ama

tanto, nos prometió un Salvador para que podamos vivir de otra manera, ser amigos de Jesús, e ir con Él al Cielo.

—¿Y qué tenemos que hacer? —preguntó Kico. La abuela le besó en la frente y respondió:

—Obedecer los Mandamientos que nos ha dado el Señor... Y obedecer a vuestros padres. No olvidéis nunca que todo lo que os piden ellos es para vuestro bien.

### PIENSA Y CONTESTA

¿Cuál fue el pecado de nuestros primeros padres?

Explica por qué es bueno obedecer los Mandamientos de Dios. ¿Sabéis cuántos y cuáles son? (Apréndelos en el Anexo 2).

## La BIBLIA nos cuenta

Como Dios es tan bueno y nos quiere tanto, al ver lo tristes que iban a quedar los hombres y las mujeres fuera del Paraíso, prometió a Adán y a Eva que enviaría a su **Hijo (a JESÚS)** a la tierra para enseñarnos cómo tenemos que vivir para llegar al Cielo.

La Biblia nos cuenta que, después del pecado de Adán y Eva, Dios dijo a la serpiente:

*«Pongo enemistad entre ti y la mujer, entre tu descendencia y su descendencia: esta te aplastará la cabeza cuando tú la hieras en el talón»* (Génesis 3,15).

**Pensamos:**

¿Quién será el descendiente de la Mujer que aplastará la cabeza de la Serpiente? Piénsalo...

Escribe su nombre con letras muy bonitas:

**Decimos juntos:**

¡DEMOS GRACIAS A DIOS PORQUE NOS HA ENVIADO A JESÚS, AL SALVADOR!

26

link

© Editorial Casals

Vamos a ver
la segunda parte
del vídeo
"Jesús Salvador"

Explica a tus
compañeros lo que
has visto en el video y
coméntalo con ellos

## Conversamos:

¿A quién nos prometió Dios para darnos esperanza?

¿Cómo se llama la Mujer que vencerá a la Serpiente?

## Sopa de letras:

Busca las palabras de abajo y márcalas con lápiz

| I | B | J | C | S | A | L | V | A | D | O | R | B | H | G | R |
|---|---|---|---|---|---|---|---|---|---|---|---|---|---|---|---|
| L | O | V | B | A | D | E | M | O | N | I | O | K | N | I | O |
| T | E | D | C | P | A | R | A | I | S | O | V | B | S | O | P |
| P | O | N | J | A | N | G | E | L | Ñ | Z | I | K | Ñ | Z | T |
| F | G | V | H | E | V | A | L | D | I | O | S | I | K | E | S |

Nombre de nuestros primeros padres:

Dios prometió a los hombres un

Adán y Eva vivían en un lugar llamado

Fueron tentados por el

Del paraíso le expulsó un

Por haber desobedecido a

Con el pecado se cerraron las puertas del cielo para todos los seres humanos. Sin embargo, Dios, con su infinito amor, nos ha dejado un remedio:

## "EL BAUTISMO NOS HACE DE NUEVO HIJOS DE DIOS, AMIGOS DE JESÚS, Y NOS ABRE LAS PUERTAS DEL CIELO"

Repetimos juntos la frase anterior.

Damos gracias a Dios
por nuestro Bautismo
**con una canción**.

© Editorial Casals

### El Bautismo

Por nuestro santo Bautismo
nacimos a la vida de gracia.
Por nuestro santo Bautismo
volvimos a la amistad con Dios.
Por nuestro santo Bautismo
fuimos liberados del pecado.
Por nuestro santo Bautismo
estamos llamados a ser santos.
Por nuestro santo Bautismo
nos incorporamos a la Iglesia.
Por nuestro santo Bautismo
somos hijos de nuestro padre Dios.

### PARA MI VIDA

Todas las mañanas al despertarme
**daré gracias a Dios** por quererme tanto.

# Catequesis FAMILIAR

## ORIENTACIONES PARA LOS PADRES:

No es fácil explicar a los niños el pecado y sus consecuencias, lo más importante es dejarles claro que Dios ama al hombre por encima de todas las cosas.

**1**
Hacemos la **señal de la Cruz**.

**2**
Vemos en familia el **vídeo** de la página 27 y lo comentamos.

**3** **Coloreamos** este dibujo de un Bautismo:

**4** **Pensamos una oración** para dar gracias a Dios por nuestro Bautismo y la escribimos con letras bonitas en el siguiente recuadro:

# Encuentro 4
## Y MARÍA DIJO "SÍ" A DIOS

**Objetivo:** Descubrir que María dijo "Sí" a Dios y rezar muy bien el Avemaría.

Catecismo "Jesús es el Señor", tema 9

**Catequista**

Después del pecado de nuestros primeros padres, Dios Padre prometió que enviaría al mundo un Salvador que sería su propio Hijo, JESÚS. Para llevar a cabo esta misión, eligió a una joven hebrea llamada María.

**Conversamos**

¿A quién quiso Dios Padre enviar al mundo para salvar a los seres humanos?

**TODOS JUNTOS:** ¡Qué alegría, el Salvador va a venir al mundo!

30

## "He aquí la esclava del Señor"

Esa tarde Cuca está pensativa... Su madre le ha dejado la merienda en la nevera, pero a ella le gusta más un trozo de tarta de chocolate que ve también allí... De pronto, un pensamiento fuerte le viene a la cabeza: –Si mamá y papá me han dicho que no toque la tarta de chocolate, seguro que es por mi bien. Y Cuca se tomó la merienda puesta por mamá. En cuanto llega el abuelo, Cuca le cuenta lo que le ha sucedido...

–Cuca, me das una alegría muy grande... Ese ha sido tu ángel de la guarda.

–No comprendo, abuelo, ¿me lo explicas?

–¡Claro! Verás, los ángeles son mensajeros de Dios y cada uno tenemos un ángel que nos ayuda a portarnos bien. Mira, Cuca, el mensaje más importante de la historia lo dio precisamente un ángel.

–¿En serio? ¿Qué mensaje, abuelo? –Cuca quiere saberlo todo.

–La Encarnación del Hijo de Dios: hace más de dos mil años, un ángel llamado Gabriel fue a Nazaret, el pueblo en el que vivía una joven llamada María. Cuando estuvo ante Ella, el ángel le anunció que Dios la había elegido para ser la Madre de JESÚS, el Hijo de Dios. Entonces María pronunció las palabras más bellas del mundo... El abuelo suspiró...

–¡Sigue, abuelo! ¿Qué dijo María?

–María contestó: "He aquí la esclava del Señor, hágase en mí según tu palabra". O sea, la Virgen María dijo "SÍ" a Dios, y el Hijo de Dios (JESÚS) se encarnó en su seno.

### PIENSA Y CONTESTA

¿Cuál ha sido el mensaje más importante de la Historia?

Razona tu respuesta.

31

La **BiBLIA** nos cuenta

**CATEQUISTA:** Dios nos ama tanto que envió a su propio Hijo al mundo, para que se hiciera hombre y viviera entre nosotros. Nació de la Virgen María. Ella, con su humildad y su obediencia a Dios hizo posible el nacimiento del Salvador.

— — — — — — —

**LECTOR:** *Dios envió al ángel Gabriel a la ciudad de Nazaret. Allí, vivía una virgen llamada María, prometida a un hombre llamado José. El ángel entró donde estaba María y le dijo: «Alégrate, llena de gracia, el Señor está contigo».*

*Al oír estas palabras, ella quedó desconcertada y se preguntaba qué significaba aquel saludo.*

*El ángel le dijo. «No temas, María, porque Dios te ha concedido una gran alegría. Tendrás un hijo y se llamará* **Jesús**, *que significa Salvador y es el Hijo de Dios. El Espíritu Santo vendrá sobre ti; porque para Dios no hay nada imposible».*

*María contestó:* **«He aquí la esclava del Señor; hágase en mí según tu Palabra»** (Lc 1,26-38).

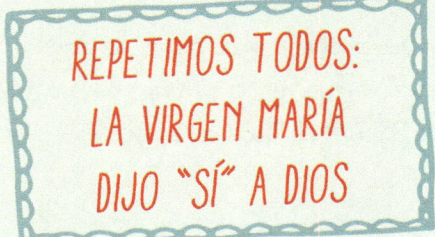

REPETIMOS TODOS:
LA VIRGEN MARÍA
DIJO "SÍ" A DIOS

# ACTI VIDA DES

© Editorial Casals

¡Vamos a ver un vídeo! Debemos estar muy atentos, pues nos cuenta el momento más bonito de la historia de la humanidad.

## Completa el Avemaría:

Dios te _____, María, llena eres de _____; el Señor es

contigo. _____ tú eres entre todas las _____

y bendito es el _____ de tu vientre, _____. Santa María,

_____ de _____, ruega por nosotros, _____,

ahora y en la hora de nuestra _____. Amén.

**Laberinto:** Ayuda al ángel Gabriel a llegar a la casa de María, ¡le lleva un mensaje muy importante!

Inventa una **"jaculatoria"** (una oración muy breve). Vamos a inventar una muy bonita para decírsela a la Virgen María.

CE LE BRA MOS

**Celebramos a la Virgen María** dedicándole una canción que le va a gustar mucho. Cantarle a la Virgen es lo mismo que rezar con música.

**¡¡¡Vamos a cantar!!!** Vamos a preparar nuestras voces; leemos la letra de la canción y la escuchamos; luego se la cantamos a la Virgen María con mucho amor.

© Editorial Casals

## La Virgen sueña caminos

La virgen sueña caminos,
está a la espera;
La Virgen sabe que el Niño,
está muy cerca.
De Nazaret a Belén hay una senda,
Por ella van los que creen
en las promesas.

*Los que soñáis y esperáis
la buena nueva
Abrid las puertas al Niño,
que está muy cerca.*

*El Señor cerca está;
el viene con la paz.
El Señor cerca está,
el trae la verdad.*

En estos días del año,
el pueblo espera.
Que venga pronto el Mesías
a nuestra tierra.
En la ciudad de Belén
llama a las puertas.
Pregunta en las posadas
y no hay respuesta.

*Estribillo.*

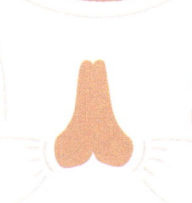

**PARA MI VIDA**

TODAS LAS NOCHES **rezaré un avemaría antes de dormirme** por mi familia y por las personas que más lo necesitan.

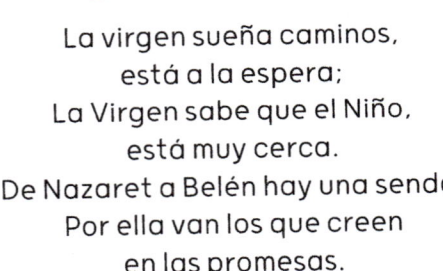

# Catequesis FAMILIAR

## ORIENTACIONES PARA LOS PADRES:

Es muy importante que los niños descubran la misión de nuestra Señora como Madre de Dios y Madre de los cristianos. Ella desea ayudar a vuestros hijos a lo largo de toda su vida. Pero es necesario que la conozcan y la traten desde pequeños.

**1**

Hacemos la **señal de la Cruz**.

**2**

Vemos en familia el **vídeo** de la página 33 y lo comentamos.

**3**

**Leemos** con nuestros padres lo que nos cuenta el Evangelio (Lc 1,26-38) y respondemos:

*¿Cómo se llama el ángel que anunció a María el nacimiento del Salvador?* Rodéalo con un círculo:

RAFAEL · HUGO · JAVIER · GABRIEL · MARCOS

*¿Qué le contestó la Virgen al ángel?*
Escríbelo con letras bonitas:

*Conversamos: La Virgen María dijo "Sí" a Dios.*
¿Es importante que nosotros le digamos "Sí" a Dios?
¿Cuándo quiere que se lo digamos?

**4 Leemos** juntos la siguiente anécdota y la comentamos

Una niña de ocho años se confesó por primera vez, y el sacerdote le puso como penitencia que rezara tres avemarías.
—¿Pero tres? —preguntó la niña.
—Sí, tres —insistió el sacerdote.
Entonces la niña, preocupada, le contestó:
—Es que sólo me sé una.

Vamos a buscar una **bonita imagen** de la Virgen y la ponemos en un **lugar destacado de la casa** para mirarla y decirle jaculatorias.

# Encuentro 5
## JESÚS NACE EN BELÉN

**Objetivo:** Descubrir por qué el Hijo de Dios quiso nacer pobre en un establo.

Catecismo "Jesús es el Señor", tema 10

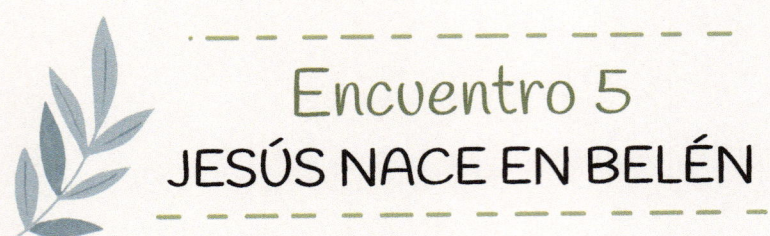

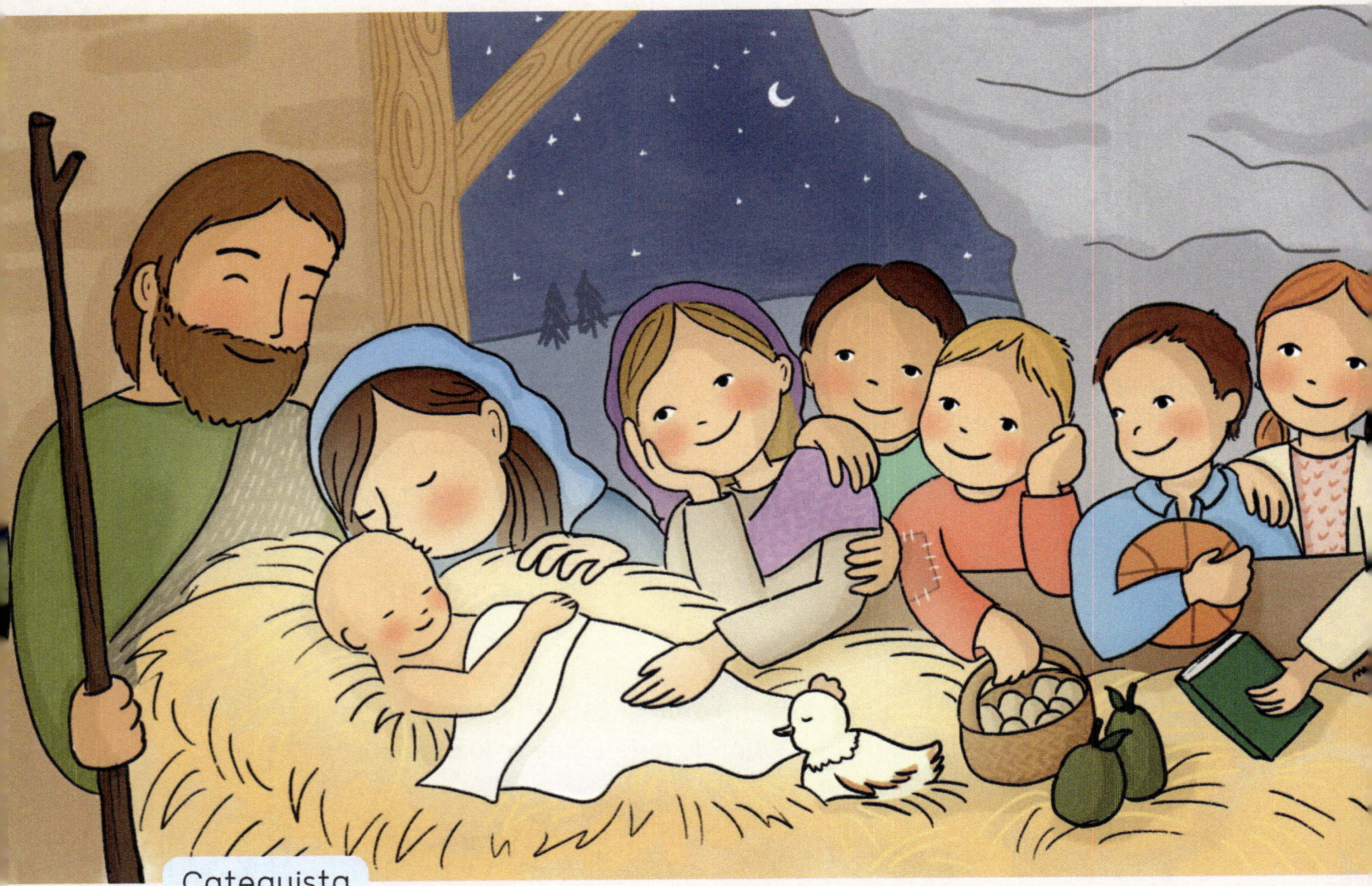

Catequista

*Jesús, el Hijo de Dios y de la Virgen María, nació en un humilde establo, porque María y José no encontraron sitio en otro lugar. María le envolvió en pañales y lo acostó en un pesebre. ¡Qué pobre nació Jesús! Ni siquiera tuvo una cunita como la mayoría de los bebés*

Conversamos

El nacimiento de Jesús llenó de alegría al mundo.
¿Por qué su nacimiento fue tan importante?

## ¡A Belén, pastores!

Hay un villancico que canta: "¡A Belén, pastores!". Kico y Cuca cantan felices mientras ayudan a sus papás a poner el belén. ¡Qué emoción! Hay pastores, ovejitas, lavanderas, el castillo de Herodes... ¡y lo más importante! En el mejor lugar ponen el establo y en su interior la mula, el buey, José, María y... el pesebre vacío, lleno de pajitas, esperando que llegue la Nochebuena. ¡Entonces acostarán en el pesebre al Rey de la Creación!

El abuelo, que les ha prometido dos figuras nuevas acaba de llegar.

—¡Abuelo! ¿Qué nos traes? —preguntan a la vez los hermanos.

—¡Sorpresa! —Contesta a la vez que saca del bolsillo de su abrigo dos figuritas, muy pequeñas, que entrega a cada niño con cara de misterio. Una representa a una niña vestida con... ¡la camiseta favorita de Cuca! La otra es un niño con unas botas de fútbol iguales a las que tiene Kico. Ambas figuras están arrodilladas con las manos juntas.

—¡Pero si somos nosotros! —Gritan los niños riendo.

Cuca pone su figura sobre el tejado del establo mientras su hermano coloca la suya entre los pastores. Entonces el abuelo les guiña un ojo y cogiendo las figuritas las coloca dentro del establo, junto al pesebre y les dice:

—Ese es el sitio dónde debéis estar, con María y José, muy cerca del Niño Jesús.

## PIENSA Y CONTESTA

¿Qué sentirían Cuca y Kico después de poner el belén? ¿Os parece bien lo que hizo y dijo el abuelo? ¿Qué puedes hacer tú para vivir siempre cerca de Jesús?

La **BIBLIA** nos cuenta

**CATEQUISTA:** La Biblia nos enseña que Jesús nació en Belén. María y José vivían en Nazaret, pero obedeciendo una orden del César, tuvieron que trasladarse a Belén para apuntarse en el censo. ¡Así se cumplieron las Escrituras!

- - - - - - -

**LECTOR:** *Y sucedió que, mientras estaban en Belén, le llegó a María el tiempo del parto y dio a luz a su Hijo.*

*María lo envolvió en pañales y lo recostó en un pesebre, porque no había sitio en la posada.* (Lucas 2,6-7).

*En aquella misma región había unos pastores cuidando su rebaño. De repente, un ángel del Señor se les presentó, los envolvió con una gran luz y les dijo: «Os anuncio una buena noticia que será de gran alegría para todo el pueblo: hoy os ha nacido un salvador; el Mesías, el Señor». De pronto se reunieron muchos ángeles más que alababan a Dios diciendo:*

*«Gloria a Dios en el Cielo, y en la tierra paz a los hombres de buena voluntad».* (Lucas 2, 13).

**Conversamos**

¿Quién es el Niño que ha nacido en Belén?
¿Sabes lo que es un pesebre?
¿Por qué Jesús no nació en una buena cunita?
¿Por qué Jesús quiso nacer tan pobre?
¿Qué sentimientos debemos tener hacia el Niño Jesús?

Canal YouTube Catequizis 11 (Ed. Infinito más uno)

¡Vamos a ver el vídeo "El nacimiento de Jesús"!

**Conversamos** sobre lo que hemos visto:

¿Qué es lo que más os ha gustado del vídeo? ¿Por qué?

¿Cómo sabemos que el Niño Jesús eligió ser pobre al nacer?

**Dibujamos:** Haz un bonito dibujo en el que estés adorando al Niño Jesús en el portal de Belén. ¿Te atreves? ¡Seguro que te queda precioso! Se lo puedes ofrecer al Niño Jesús.

**Repetimos** todos a una:

## JESÚS, QUE NUNCA NOS SEPAREMOS DE TI, PUES TÚ ERES NUESTRA VERDADERA RIQUEZA.

## CELEBRAMOS

¡Vamos a celebrar con los ángeles
que Jesús ha nacido y es nuestro Salvador!

*(Lucas 2, 13…)*
De pronto, muchos ángeles
aparecieron en el cielo
y alababan a Dios cantando:

*«Gloria a Dios
en el cielo, y paz en
la tierra para todos
los que Dios ama»*

¡Vamos a cantar
a Jesús!

© Editorial Casals

### Niño lindo

Niño lindo, ante ti me rindo.
Niño lindo, eres tú mi Dios.
Esa es tu hermosura, ese es tu candor.
El alma me roba, el alma me roba,
me roba el amor.
Esa es tu hermosura, ese es tu candor.
El alma me roba, el alma me roba,
me roba el amor.
Niño lindo, ante ti me rindo.
Niño lindo, eres tu mi Dios.
Con tus ojos lindos, Jesús mírame.
Y solo con eso, y solo con eso,
me consolaré.
Con tus ojos lindos, Jesús mírame,
Y solo con eso, y solo con eso
me consolaré.

### REZAMOS JUNTOS

*"GLORIA A DIOS EN EL CIELO, Y EN LA TIERRA
PAZ A LOS HOMBRES QUE AMA EL SEÑOR"*

Catequesis FAMILIAR

## ORIENTACIONES PARA LOS PADRES:

A los niños les gustará saber que el Hijo de Dios se hizo hombre por Amor a nosotros y nació pobre en un pesebre. Así nos enseñó a vivir en el mundo desprendidos de los bienes materiales, porque solo una cosa es necesaria: Él.

**1** Para empezar hacemos la señal de la Cruz.

**2** **Observamos y comentamos** con papá y mamá el dibujo de este encuentro.

link

Canal YouTube Catequizis 11 (Ed. Infinito más uno)

**3**
Vamos a ver el vídeo "El nacimiento de Jesús" y lo comentamos.

**4** **Leemos con papá y mamá** el apartado "La Biblia nos cuenta" y les hacemos a ellos las mismas preguntas que hemos contestado en la catequesis. ¿Se parecen sus repuestas a las nuestras?

**5** Busca las respuestas a las preguntas en esta **sopa de letras**.

Pueblo dónde nació Jesús:

Nombre de la Madre de Jesús

María acostó al Niño Jesús en un

Los que fueron a adorar a Jesús

¿Qué siente Jesús hacia ti?

¿Y hacia tus papás?

¿Y hacia tus hermanos?

| P | E | S | E | B | R | E | B |
|---|---|---|---|---|---|---|---|
| A | M | O | R | K | D | O | E |
| D | A | M | O | R | A | I | L |
| N | R | A | N | G | M | L | E |
| V | I | E | V | A | O | D | N |
| I | A | K | Q | D | R | N | D |
| P | A | S | T | O | R | E | S |

# Encuentro 6
## JESÚS NIÑO EN NAZARET

**Objetivo:** Descubrir que la Sagrada Familia es modelo para todas las familias.

Catecismo "Jesús es el Señor", tema 11

**Catequista**

Cuando Jesús vino al mundo pudo nacer en el mejor palacio, rodeado de lujo y comodidades. Sin embargo, eligió para él un hogar humilde y una familia sencilla.

**Conversamos**

¿Qué está haciendo en el dibujo cada miembro de la Sagrada Familia: Jesús, María y José? ¿En qué se parece la Sagrada Familia a tu propia familia?

Kico está dando vueltas alrededor de la mesa haciendo ruidos como si fuera un avión.

—¡Me aburro! ¡Me abuuurrroooo! —anuncia a voces molestando a todos.

—Pues deja de perder el tiempo, ¿te imaginas a Jesús sin hacer nada? —interviene el abuelo.

—Ay, abuelo, por favor, cuéntanos, ¿qué hacía Él para no aburrirse? —interviene Cuca que se está enfadando con su hermano.

El abuelo ríe con ganas antes de contestar:

—Niños, Jesús no se aburrió jamás, porque sus días estaban llenos desde el amanecer hasta que se iba a dormir. Su vida entera la gastó en cumplir la voluntad de su Padre Dios, y eso implica esfuerzo, trabajo, orden, alegría...

—Pero... ¿qué hacía? —insiste Cuca.

—Pues mirad, Jesús, como todos los niños de su aldea, iba cada día a estudiar a la sinagoga; excepto los sábados, que iba allí a rezar. Y, cuando estaba en casa, colaboraba en las tareas, iría a buscar agua a la fuente del pueblo para ahorrarle ese trabajo a María...También ayudaba a José en el taller de carpintero, a la vez que aprendía su oficio.... Jugaría con todos los chiquillos del pueblo en los ratos libres... Jesús cumplía en todo momento la voluntad de su Padre Dios.

## TODOS JUNTOS:
## JESÚS CUMPLÍA EN TODO MOMENTO LA VOLUNTAD DE SU PADRE DIOS.

### PIENSA Y CONTESTA

¿Qué cosas haría Jesús de pequeño? ¿Se parecen a las que haces tú?

La **BIBLIA** nos cuenta

**CATEQUISTA:** Jesús vivió en Nazaret con María y José. Los tres formaban una Familia en la que Jesús aprendió a orar, a trabajar y a ayudar a los demás, amando a Dios sobre todas las cosas.

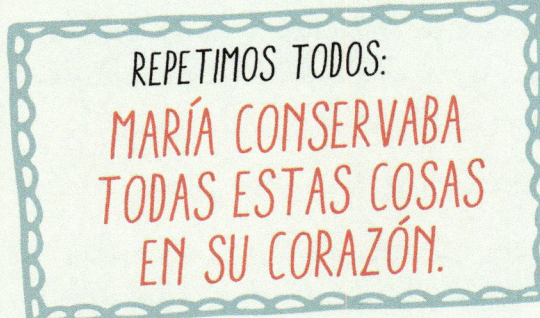

**LECTOR:** *"Bajó con ellos y vino a Nazaret, y vivía sujeto a José y a María. Su Madre conservaba cuidadosamente todas estas cosas en su corazón.*

*Jesús crecía en sabiduría, en estatura y en gracia ante Dios y ante los hombres".* (Lucas 2, 52).

REPETIMOS TODOS:
MARÍA CONSERVABA TODAS ESTAS COSAS EN SU CORAZÓN.

**Conversamos**

¿Qué recuerdos conservaba María en su corazón?

## ACTI VIDA DES

© Editorial Casals

¡Vamos a ver el vídeo "La familia de Jesús"! Escuchamos con atención y veremos cómo era un día corriente en la vida de Jesús niño.

**Conversamos** sobre lo que hemos visto:

¿Qué es lo que más te ha gustado? ¿Por qué?

**Observamos:** Estas son algunas de las herramientas que usaban San José y Jesús en su taller de carpintería. ¿Sabrías escribir su nombre junto a cada una?

**Dibuja** cómo te imaginas a Jesús trabajando en la carpintería

CE
LE
BRA
MOS

**CATEQUISTA:** Hacemos todos juntos la señal de la cruz.

**¡¡Vamos a cantar!!** Ya sabemos que cantar es "rezar dos veces"; a Jesús le gusta mucho oír nuestras voces, si lo hacemos bien y con alegría.

© Editorial Casals

## En el taller de José

En el taller de Nazaret,
pequeño y pobre taller.
En su labor está José
y el Niño quiere aprender.

**Labora y canta,
la esposa del carpintero.
Y el mundo entero
sonríe y canta también.**

En el taller de Nazaret
pequeño y pobre taller.
Silencio y paz, amor y fe,
Jesús, María y José.

En el taller de Nazaret
pequeño y pobre taller
verás a Dios, jugar, crecer,
rezar y obedecer.

**Ahora vamos a pensar** en la felicidad que da el amor en familia: Nos tomamos de la mano y rezamos, con los ojos cerrados, pidiendo unos por otros y por nuestros familiares:

"Querido Papá Dios, ¡te damos las gracias por Jesús, María y José! ¡Gracias por nuestra familia! Te pedimos que nos ayudes a permanecer unidos en el amor, como la santa familia de Nazaret"

### PARA MI VIDA

**Procuraré ser siempre obediente**
para parecerme cada día más a Jesús.

# ORIENTACIONES PARA LOS PADRES:

El niño debe entender que la obediencia a los padres es tan importante que el mismo Jesús lo hacía. Pero antes que la voluntad de los padres está la de Dios.

**1** Para hacer esta actividad, deberás **leer atentamente** con tus papás el pasaje del Evangelio de Lucas 2, 41 - 50. Después **colorea** según las indicaciones.

🟡 Túnica de Jesús ⚫🟠 Pelo y barbas 🔴 Mantel del altar

🔵 Vestido de la mujer  Todo lo demás: como más te guste.

**2** Contesta **verdadero o falso (V/F)**:

En Nazaret José enseñó a Jesús el oficio de jardinero.

Cuando Jesús tenía 12 años fue al templo de Jerusalén.

Las cosas que decía Jesús a los sabios del Templo eran propias de un niño de su edad.

María y José buscaron a Jesús durante cinco días.

Jesús dijo a María y José: "Debo estar en las cosas de mi Padre".

# Encuentro 7
## EL BAUTISMO DE JESÚS

**Objetivo:** Jesús es bautizado y así nos muestra lo que debemos hacer.

Catecismo "Jesús es el Señor", tema 12

### Catequista

Cuando Jesús tenía unos 30 años se despidió de su casa y de la gente de Nazaret. Después fue al río Jordán, donde por aquellos días estaba Juan el Bautista bautizando a quienes se lo pedían.

### Conversamos

Explica con tus palabras lo que ves en el dibujo.
¿Por qué crees que Juan usaba el agua para bautizar?

48

## Cuca y Kico se lavan en un río

Hace un día precioso y el abuelo ha llevado a sus nietos a pescar al río. Cuando llegan, se sientan en unas rocas que hay en la orilla del riachuelo, bajo la sombra de una higuera.

—¿Podemos meter los pies? —pregunta Cuca.

—¡Debéis meterlos! —El abuelo se ríe al ver que los tienen bastante sucios, pues la tierra del campo se les ha metido entre los dedos.

Los niños se descalzan rápidamente e introducen con alegría los pies en el agua, que está fresquita y corre tan transparente y limpia que se puede ver el fondo con claridad. Se quedan admirados y en silencio, hasta que Cuca exclama:

—¡Mirad!, me recuerda a lo que nos contó nuestro catequista sobre el Bautismo. Cuando nos descalzamos, los pies estaban la mar de sucios, pero el agua ha pasado sobre ellos ¡y los ha dejado relucientes!

—¡Es verdad! —Kico saca uno de sus pies y lo mira con atención—

no queda ni rastro de tierra, ni de chinarros, ni nada... ¡Está reluciente!

—Así es —asiente el abuelo—. Lo habéis entendido perfectamente:

la Gracia que recibimos en el sacramento del Bautismo deja nuestra alma aún más limpia de cómo el agua del río ha dejado vuestros pies. ¡Como si fueran nuevos!

### PIENSA Y CONTESTA

¿Por qué el agua le ha recordado a Cuca al bautismo?

¿Sabéis para qué sirve el Sacramento del Bautismo?

## La BIBLIA nos cuenta

**CATEQUISTA:** La Biblia nos cuenta como Jesús quiso ser bautizado aunque Él no lo necesitaba, pues jamás tuvo pecado, pero nos quiso enseñar lo que nosotros debemos hacer. Con mucho recogimiento vamos a escuchar la siguiente lectura:

- - - - - - - -

**LECTOR:** *Y sucedió que por aquellos días vino Jesús desde Nazaret de Galilea, y fue bautizado por Juan en el Jordán. En cuanto salió del agua vio que los cielos se rasgaban y que el Espíritu, en forma de paloma, bajaba a él.*

*Y se oyó una voz que venía de los cielos:* **«Tú eres mi Hijo amado, en ti me complazco».** (Marcos 1,9-11)

### Conversamos

¿Quién vino sobre Jesús el día de su bautismo?
¿Nosotros hemos sido bautizados?
¿Por qué es tan importante recibir este sacramento?

link

Canal YouTube Catequizis 11 (Ed. Infinito más uno)

¡Vamos a ver el vídeo
"Los 7 sacramentos
de Jesús"!

**Conversamos** sobre lo que hemos visto:

¿Qué es lo que más os ha gustado del video? ¿Por qué?

¿Qué dijo la voz que se escuchó en el cielo?

¿De quién crees que era esa voz?

**Piensa y completa** las siguientes frases:

Yo nací por "primera vez" el día

y comencé a ser hijo de mis                              .

Nací por "segunda vez" el día de mi

y comencé a ser hijo de                    .

Busca las respuestas a las preguntas en esta **sopa de letras**.

Nombre del profeta que bautizaba:

Nombre del río en el que bautizaba

¿Quién fue bautizado por ese profeta?

¿De quién era la voz que se oyó desde el Cielo?

| P | R | I | O | B | M | E |
|---|---|---|---|---|---|---|
| A | J | O | R | D | A | N |
| D | A | J | U | A | N | K |
| N | R | J | E | S | U | S |
| D | I | O | S | A | O | G |

CE
LE
BRA
MOS

**Catequista:**
Encendemos esta vela
y contemplamos su luz en silencio.
Ahora cerramos los ojos,
juntamos las manos
y guardamos silencio.
También en nuestro interior.
Y le damos gracias a Dios por el bautismo
mientras escuchamos esta bonita canción.

© Editorial Casals

## El Bautismo

Por nuestro santo Bautismo
nacimos a la vida de la gracia.
Por nuestro santo Bautismo
volvimos a la amistad con Dios.
Por nuestro santo Bautismo
fuimos liberados del pecado.
Por nuestros santo Bautismo
estamos llamados a ser santos.
Por nuestro santo Bautismo
nos incorporamos a la Iglesia.
Por nuestro santo Bautismo
somos hijos de nuestro Padre Dios.

**REZAMOS JUNTOS**

"QUERIDO PAPÁ DIOS, TE DAMOS GRACIAS POR EL SACRAMENTO DEL BAUTISMO, QUE NOS HACE HIJOS TUYOS Y MIEMBROS DE LA IGLESIA"

## ORIENTACIONES PARA LOS PADRES:

Podemos explicar a los niños que los cristianos "nacemos dos veces": el nacimiento a la vida natural; y el nacimiento sobrenatural a la vida de la Gracia.

**1** Para empezar hacemos la señal de la Cruz.

**Rellena** esta ficha con ayuda de tus padres:

## El día de mi Bautismo

Me bautizaron el día            de            del año

En la Parroquia de                                        .

El sacerdote fue Don                                      .

Mis padrinos fueron

y                                        .

Desde entonces
**soy hijo de Dios**
y miembro de la Gran Familia de la Iglesia.

**2** **Rezamos** juntos en familia.

Querido Jesús: te damos gracias porque hemos recibido el sacramento del Bautismo que nos ha hecho hijos de Dios. Te pedimos por los niños que todavía no te conocen para que un día reciban también el Bautismo. Amén.

# Encuentro 8
## JESÚS NOS ENSEÑA A REZAR

**Objetivo:** Comprender que rezar es hablar con sencillez y confianza con Jesús y con la Virgen María.

Catecismo "Jesús es el Señor", tema 16

**Catequista**

Jesús de niño ayudaba en casa, estudiaba y rezaba. José y María fueron los primeros en enseñarle a rezar. Cuando se hizo mayor dejó Nazaret para anunciar el Reino de Dios y enseñarnos a rezar. Para ello nos enseñó el "Padrenuestro", que todos sus amigos rezamos en todo el mundo.

**Conversamos**

¿Sabes qué es rezar? ¿A quién se reza? ¿Cómo se reza? ¿Por qué se reza?

## ¡Vamos a rezar en familia!

Cuca ha cogido algo del bolso de su madre y se lo ha colgado en el cuello creyendo que era un collar. Pero su madre le advierte:

—¡Oye, hija! —le dice su madre—, eso no es un collar, es un Rosario. ¿Sabéis lo que es un Rosario? Rosario quiere decir "corona de rosas" y lo forman 50 bolitas agrupadas de 10 en 10, rematadas con una pequeña cruz.

—¡Ah, es verdad! —dice Kico—. Recuerdo que se reza un "Padrenuestro", diez "Avemarías" y luego un "Gloria", ¿verdad?

—¡Eso es! —responde su madre— a cada decena (el Padrenuestro, el Avemaría y el Gloria) se le llama "misterio" y en él se contempla una escena de la vida de Jesús o de la Virgen María. Es la oración que más le gusta a la Virgen.

—¿Y por qué se rezan los "Padrenuestros? —se extraña Cuca.

Pues porque el "Padrenuestro" es la oración más perfecta que existe.

El mismo Jesús se la enseñó a los apóstoles y en ella se contienen todas las peticiones que las personas necesitamos para ser felices aquí en la tierra y poder llegar al Cielo.

Kico, a quien le ha gustado la idea, interviene:

—¿Podemos rezar ahora una decena del Rosario? Lo podemos ofrecer a la Virgen pidiendo que la abuela se ponga buena de su bronquitis.

### PiENSA Y CONTESTA

¿Conoces bien la oración del "Padrenuestro"? ¿Y el Avemaría? ¿Y el Gloria? ¡Vamos a comprobarlo!, ¿Quién quiere ser el primero?

**CATEQUISTA:** Jesús nos enseñó la oración del "Padrenuestro" para que todos los días nos acordemos de que Dios es nuestro Padre del Cielo que nos cuida y nos quiere mucho.

**LECTOR:** *Un día, cuando Jesús acabó de orar, uno de sus discípulos le dijo:*

*—" ¡Maestro, enséñanos a rezar!*

*Jesús respondió:*

*—Cuando recéis, decid así:*

*¡Padre nuestro que estás en el Cielo, santificado sea tu nombre! ¡Venga a nosotros tu Reino! ¡Hágase tu voluntad en la tierra como en el Cielo!*

*Danos hoy nuestro pan de cada día. Perdona nuestras ofensas como también nosotros perdonamos a los que nos ofenden. No nos dejes caer en la tentación, y líbranos del mal."* (Mateo 6, 7-15).

## Conversamos

**El catequista** podría suscitar un coloquio que ayude a los niños a entender mejor cada una de las frases de esta bella oración que rezamos los amigos de Jesús, desde el principio del cristianismo, en todas las partes del mundo.

# ACTI VIDA DES

link

© Editorial Casals

¡Vamos a ver el vídeo "El Padrenuestro"!

Después completa la oración.

Padre nuestro que estás en el _____ , _____

sea tu nombre. Venga a _____ tu _____ . Hágase tu

_____ en la _____ como en el cielo. Danos hoy nuestro

_____ de cada _____ . _____ nuestras ofensas como también

_____ perdonamos a los que nos _____ . No nos dejes

_____ en la _____ y _____ del _____ . Amén.

**Dibujamos:** Haz un bonito dibujo en el que estés rezando al levantarte o al acostarte.

## Repetimos todos a una:

QUERIDO PAPÁ DIOS: TE DAMOS GRACIAS POR TODO LO QUE NOS QUIERES Y POR EL REGALO DEL PADRENUESTRO. ESTAMOS FELICES PORQUE ERES NUESTRO PAPÁ DEL CIELO, Y PORQUE NOS HAS ENVIADO A JESÚS PARA ENSEÑARNOS EL CAMINO. TE QUEREMOS PEDIR HOY POR...

(Los niños que quieran pueden añadir sus intenciones).

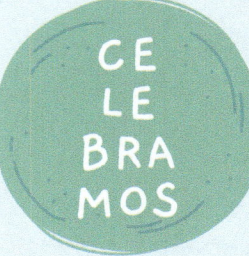

**CELEBRAMOS**

Empezamos haciendo la señal de la Cruz: en el nombre del Padre...

Y ahora, vamos a celebrar que somos hijos de Dios. Para ello, **escucharemos esta canción** y luego la cantaremos todos juntos.

Canal YouTube C. L. V.

## Padre nuestro

Padre nuestro, Padre nuestro,
que estás en el Cielo,
que estás en el Cielo.
Santificado, santificado,
sea tu nombre, sea tu nombre.
Venga a nosotros, venga a nosotros,
venga tu reino, venga tu reino.
Hágase tu voluntad
en la tierra como en cielo.
Danos hoy, danos hoy
nuestro pan de cada día,
nuestro pan de cada día.
Y perdona, y perdona
nuestras ofensas, nuestras ofensas.
Como perdonamos, como perdonamos
a los que os ofenden,
a los que nos ofenden.
No nos dejes caer en la tentación
y líbranos del mal.

**REZAMOS JUNTOS**

¡Gracias, Dios mío, por hacernos hijos tuyos! ¡Gracias por nuestros padres y abuelos, por los hermanos y los amigos! Enséñanos a amar tu voluntad y a portarnos como verdaderos hijos tuyos.

# Catequesis FAMILIAR

## ORIENTACIONES PARA LOS PADRES:

El Padrenuestro es la oración más bella y completa que existe, pues el mismo Jesús nos la enseña. Debemos procurar que los niños la aprendan de memoria y que se fijen muy bien en lo que en ella le decimos a Dios.

**1** Para empezar hacemos la señal de la Cruz.
**Vamos a volver a ver** con nuestros padres el vídeo de la página 57 y lo comentamos para poder resolver el siguiente ejercicio:

## **Rellena** de color azul la respuesta correcta.

Dios es nuestro padre, así que todos los hombres somos   vecinos   hermanos

El Reino de Dios está en   un castillo   nuestro corazón

La voluntad de Dios se ha de hacer en   la tierra y el el cielo   la playa

Le pedimos a Dios el pan   los miércoles   cada día

Le pedimos a Dios perdón, y nosotros   peleamos   perdonamos

Caer en la tentación es   malo   bueno

**2**

Todos juntos nos cogemos de la mano y muy, muy despacito **volvemos a rezar** el "Padrenuestro", pidiéndole a Dios por nuestra familia y otras que están muy necesitadas.

**3**

**Colorea** la mano de Dios que nos cuida:

# Encuentro 9
## JESÚS NOS ENSEÑA A AMAR

**Objetivo:** Aprender de Jesús a amar, a ayudar y a compartir.

Catecismo "Jesús es el Señor", tema 18

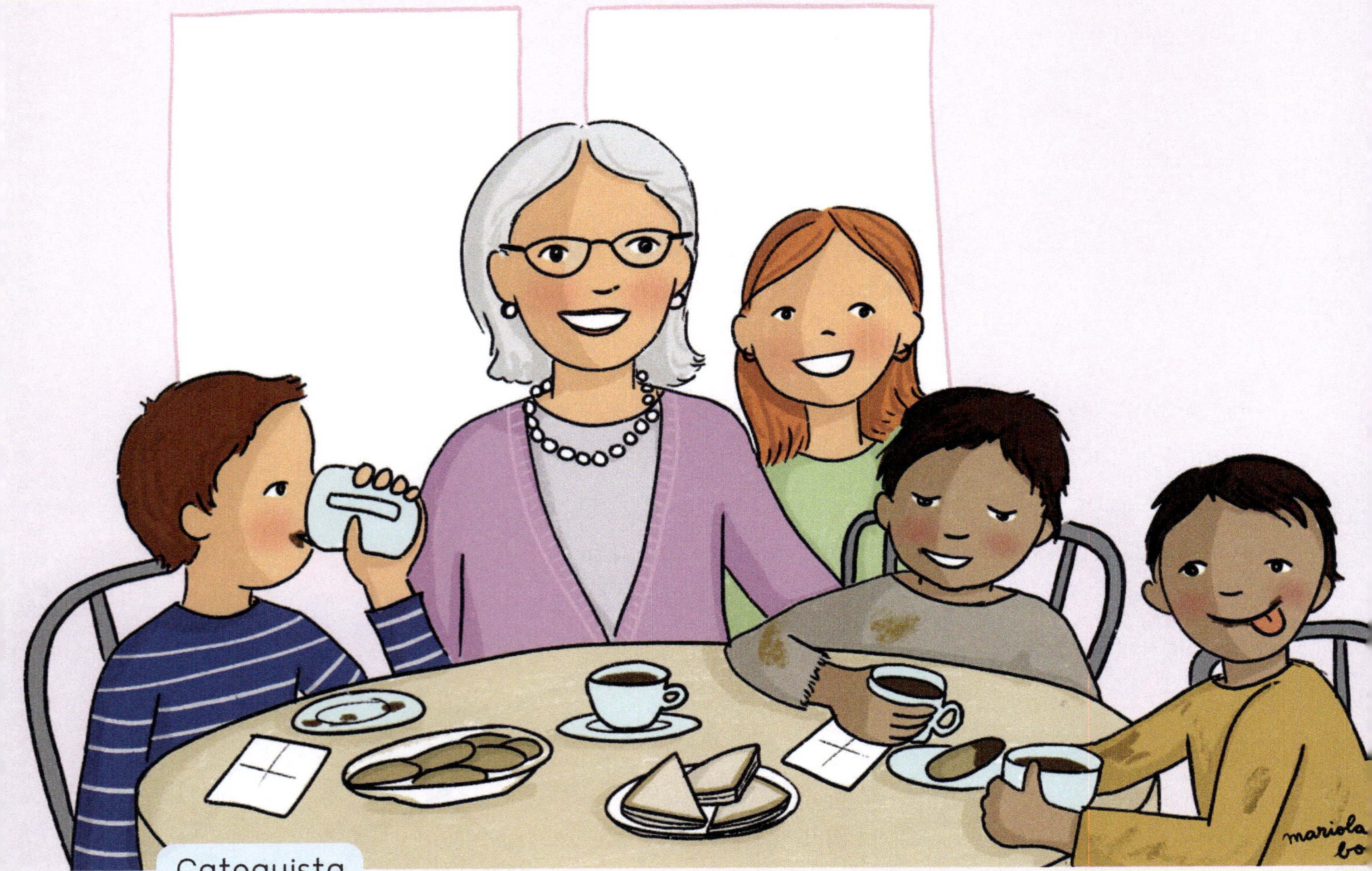


Catequista

*Jesús amó a todas las personas: pobres y ricos, sanos y enfermos, a las personas de todas las razas... y nos dio a sus discípulos un mandamiento nuevo: **el mandamiento del amor.***

Conversamos

¿Qué vemos en este dibujo? ¿Crees que están felices?
¿Qué están compartiendo?

## Leemos un CUENTO

### De merienda con la abuela

A Cuca y a Kico les gusta mucho que su abuela les lleve a merendar. El día del santo de Cuca su abuela les invita en una chocolatería. Mientras los gemelos revuelven el chocolate, sus ojos se fijan en un niño mendigo, de unos diez años, que con los ojos pegados a la ventana mira con envidia el chocolate caliente y las pastas.

La abuela, que está atenta a la escena, siente compasión del chaval y exclama:

—¡Vamos a invitar a ese niño!

Le hace señas a través del cristal y el niño de la calle ingresa en el local.

—¿Quieres merendar con nosotros?

—No puedo, debo cuidar a mi hermanito pequeño que está ahí fuera.

—Dile que venga también, ¡os invito a los dos!

Una vez todos alrededor de la mesa, el camarero les trajo pastas, churros, chocolate caliente, mermelada y sándwiches. Fue... ¡la mejor merienda de sus vidas!

Además, se comportaron con respeto y educación, y confiaron a la abuela y a los gemelos la dureza de sus vidas callejeras. Al final, la abuela pagó la cuenta y todos se despidieron con un buen abrazo.

### PIENSA Y CONTESTA

¿Sabes qué es un niño "mendigo"? El niño del cuento y su hermanito, ¿podían permitirse una merienda tan rica? ¿Qué habrías hecho tú en una situación parecida?

## La BIBLIA nos cuenta

**CATEQUISTA:** La Biblia nos enseña que Jesús nos ama a todos y siempre se da cuenta de nuestras necesidades. Escuchad lo que nos narra el Evangelio:

**LECTOR:** *Había seguido a Jesús una muchedumbre enorme y los apóstoles le dijeron: «despide a la gente; que vayan a buscar alojamiento y comida». Él les contestó: «Dadles vosotros de comer». Pero ellos no tenían nada.*

*Un chaval que estaba entre los que habían seguido a Jesús, ofreció lo que tenía: cinco panes y dos peces. Jesús los bendijo y mandó a los apóstoles que repartieran los panes y los peces. Todos comieron hasta saciarse y aún sobró para llenar varios cestos.* (Cf. Lucas 9,12-17).

### Conversamos

¿Por qué hizo Jesús ese milagro?
¿Crees que el chico que compartió sus panes fue generoso?
Tú también puedes ser generoso y solidario, ¿verdad? Di algunos ejemplos de cómo tú puedes imitar también a Jesús en su generosidad.

## ACTI VIDA DES

link

© Editorial Casals

¡Vamos a ver el vídeo "Comiendo pastelitos con Dios"!

**Conversamos** sobre lo que hemos visto: ¿Qué es lo que más os ha gustado del vídeo? ¿Por qué?

Jesús nos dijo: "Dichosos los que trabajan por la paz".
**Piensa y escribe** una cosa que tú puedes hacer por la paz:

En casa:

En el colegio:

Con los amigos:

**Dibujamos:** Dibuja cinco panes y dos peces dentro del recuadro. Debajo de cada pan y de cada pez escribe el nombre de alguien con quien puedas compartir alguna cosa.

**Repetimos** todos a una:

**JESÚS, AYÚDANOS A APRENDER A COMPARTIR LO QUE TENEMOS. QUE NADIE A NUESTRO ALREDEDOR SE SIENTA TRISTE NI SOLO.**

## CELEBRAMOS

Empezamos haciendo la señal de la Cruz: en el nombre del Padre...

¡¡¡Vamos a cantarle a Jesús!!!

Canal YouTube Misael Rodriguez Miros

### Panes y peces

Un pescadito, dos pescaditos.
Un, dos, tres, cuatro, cinco pancitos.
Un pescadito, dos pescaditos.
Un, dos, tres, cuatro,
cinco pedazos de pan.
Es mi merienda y la entrego,
pues yo sé que Jesús la multiplicará.
Gracias, Jesús, pues con mi merienda
alimento a mucha gente Tú les darás.
Un pescadito, dos pescaditos.
Un, dos, tres, cuatro, cinco pancitos.
¡¡¡Sí!!! Un pescadito, dos pescaditos.
Un, dos, tres, cuatro,
cinco pedazos de pan.
Es mi merienda y la entrego
porque yo se que Jesús la multiplicará.
Gracias, Jesús, pues con mi merienda
alimento a mucha gente tú le darás.

Vamos a ser generosos también con la oración. Cada niño hará una petición y los demás contestamos:
**¡ayúdanos, Jesús, a compartir!**

### REZAMOS JUNTOS

"Gracias, Jesús,
por enseñarnos a compartir.
Queremos aprender
a compartir nuestras cosas
con los demás, igual que lo haces Tú"

64

# Catequesis FAMILIAR

## ORIENTACIONES PARA LOS PADRES:

El Reino de Dios es un Reino de amor y de paz... Hemos de enseñar a los niños a compartir sus cosas y ayudar a quien lo necesita; hacerles conscientes de que hemos de vivir en paz con todos.

**1** Para empezar hacemos la señal de la Cruz.
**Volvemos a ver** el vídeo de la página 63 y les explicamos a nuestros papás lo que hemos entendido.

**2**

**¡Hacemos planes!**
Con ayuda de papá y mamá hacemos una lista de las personas a las que podemos ayudar y qué vamos a hacer para prestarles esa ayuda.

**3** ¿Os acordáis del chico que le dio a Jesús sus cinco panes y dos peces?
**¡Pues vamos a imitarle!** Seguro que hay algo con lo que podemos colaborar en nuestra parroquia para que llegue a alguna familia necesitada. ¡¡Os dejo algunas ideas!!

juguetes          libros          ¡mi tiempo!

ropa          mi hucha

# Encuentro 10
## JESÚS SE QUEDA CON NOSOTROS

**Objetivo:** Avivar la fe en la presencia real de Jesús en la Eucaristía.

Catecismo "Jesús es el Señor", n. 19 y 41

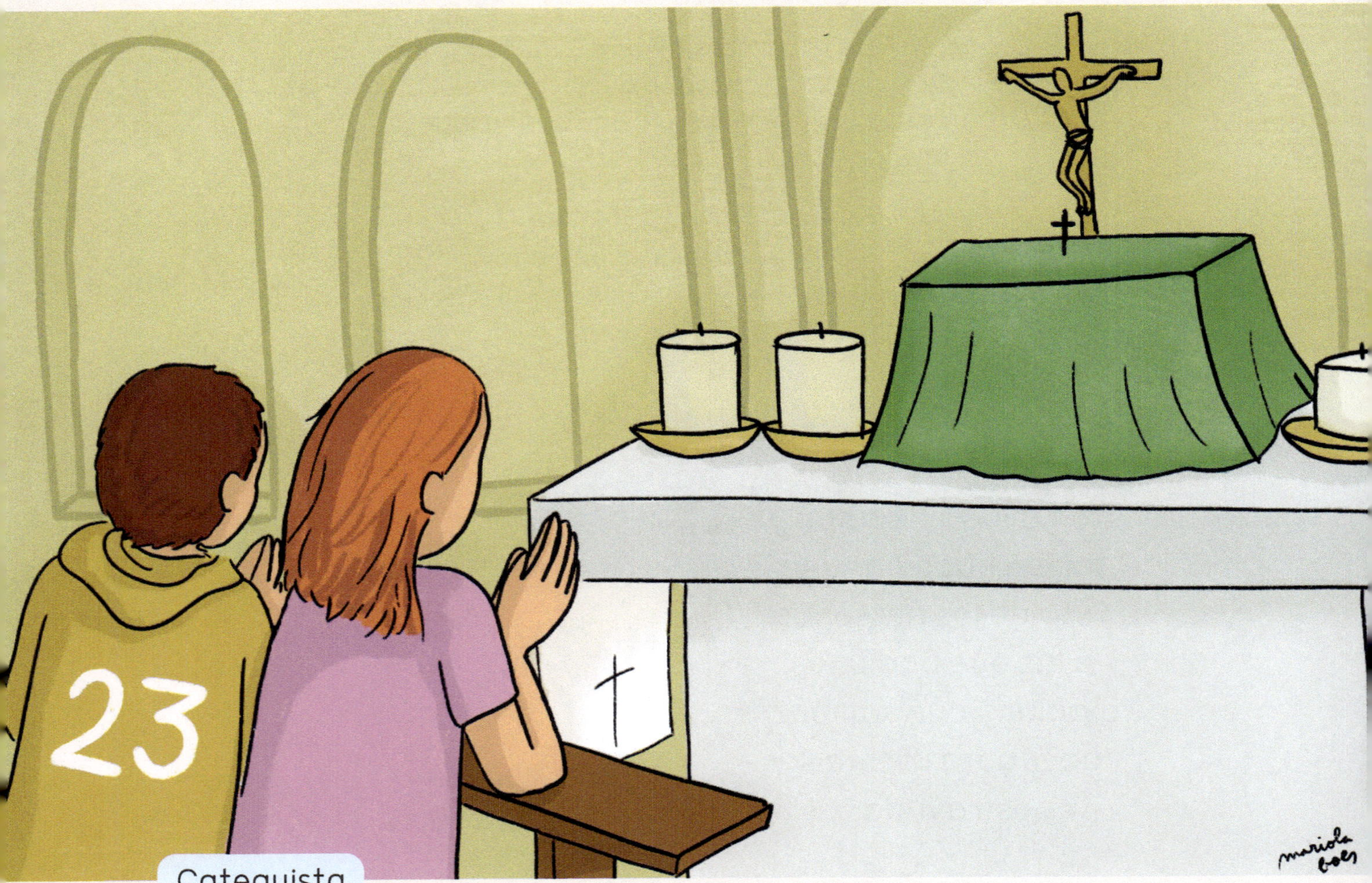


Catequista

*Cuando llegó el momento oportuno, Jesús celebró la Pascua con sus apóstoles y les dejó la Eucaristía para quedarse siempre con nosotros en el PAN DE VIDA que se guarda en el SAGRARIO.*

Conversamos

¿Qué vemos en el dibujo? ¿Sabes cómo se llama lo que están haciendo Kico y Cuca? (ADORACIÓN a Jesús, que está en el Sagrario).

## "Siempre a mi lado"

El tío Ignacio ha comunicado a la familia que se tiene que marchar a trabajar a Australia. La abuela, que quiere mucho a su hijo, está muy triste y quejosa. Sus nietos intentan consolarla.

—Abu, no llores —le dicen los niños— que siempre que quieras podrás hablar con el tío Ignacio a través de internet o por teléfono.

—¡Ya! —se lamenta la abuela— pero no es lo mismo, no podré abrazarle, ni darle besos, que es lo que hago cuando lo veo. ¡Ojalá pudiera hacer lo que hizo Jesús! —suspira.

—¿Pues qué hizo Jesús? —pregunta Kico extrañado.

—Pues Jesús —le explica el abuelo—, en la Última Cena, antes de irse al Cielo, inventó un modo de quedarse para siempre con nosotros, sus amigos, para que no nos quedáramos demasiado tristes.

—¿Y qué es lo que inventó Jesús? —pregunta Cuca impaciente.

—¡Pues que, antes de morir, en la Última Cena con los Apóstoles, nos dejó la Eucaristía, el Pan de Vida, que es el mismo Jesús que está realmente presente en la Santa Hostia con nosotros para siempre!— el abuelo sonríe y abre los brazos, mientras les explica:

—Para Dios no hay nada imposible. Por eso, inventó la Eucaristía, para que le podamos recibir en la Sagrada Comunión e ir a visitarle y adorarle siempre que queramos en el SAGRARIO.

## PIENSA Y CONTESTA

¿Qué ha hecho Jesús para estar siempre con nosotros? ¿Se te ocurre cómo puedes demostrarle que tú también le quieres mucho?

## La BIBLIA nos cuenta

**CATEQUISTA:** El Evangelio nos cuenta que cuando estaba ya cerca la Muerte de Jesús, Él reunió a sus doce apóstoles en la Última Cena y nos dejó el Pan de vida, después de pronunciar estas palabras:

**LECTOR:** *Mientras comían, Jesús tomó pan y, pronunciando la bendición, lo partió y se lo dio diciendo: «**Tomad y comed, esto es mi Cuerpo**». Y todos comieron. Después tomó el cáliz, pronunció la acción de gracias, y les dijo: «**Esta es mi Sangre** de la alianza, que es derramada por muchos. Y todos bebieron».* (Cf. Marcos 14,22-24).

*También les dijo: «**Haced esto en memoria mía**». (Lucas 22, 19).*

### Conversamos

Jesús se ha quedado para siempre con nosotros, ¿sabes dónde está ahora? ¿Por qué razón hizo Jesús este milagro?

68

link

Canal YouTube ConectaCEC

¡Vamos a ver el vídeo "La institución de la Eucaristía"!

**Conversamos** sobre lo que hemos visto:
¿Qué es lo que más os ha gustado del vídeo? ¿Por qué?

A la acción mediante la cual el sacerdote convierte las especies del pan y el vino en el Cuerpo y la Sangre de Jesús la llamamos **CONSAGRACIÓN**.
**Colorea** muy bonito esta maravillosa palabra y pon el acento que falta.

# CONSAGRACIÓN

**Dibújate** adorando a Jesús en el sagrario.

**Decimos** todos juntos:
**¡VIVA JESÚS SACRAMENTADO!**
**¡VIVA, Y DE TODOS SEA AMADO!**

Encendemos esta vela
que representa que
**JESÚS es la LUZ DEL MUNDO.**
**Hacemos la señal de la Cruz**
**y cantamos:**

Cada niño puede agregar su "acción
de gracias" empezando con la frase.

**«Gracias, Jesús, por...»**

A cada una respondemos:

**¡Ayúdanos, Jesús, a amarte y a amar
a los demás como tú nos amas!**

## REZAMOS JUNTOS

*¡Gracias, Jesús, por regalarnos tu
Cuerpo y tu Sangre en la Eucaristía!
¡Gracias porque te has quedado
en el Sagrario"*

Rezamos **EL PADRENUESTRO**
tomados de la mano y mirando
hacia la VELA ENCENDIDA,
que es signo de JESÚS.

Canal YouTube Rafael Moreno

## Eucaristía

Por el trigo y la vid que provienen de ti
Hoy señor queremos darte gracias.

Por el vino y el pan que tu mano nos da.
Hoy Señor queremos darte ¡GRACIAS!

Vino y pan convertirás por amor
en tu cuerpo y tu sangre, Señor.
Cristo mismo se nos da,
su presencia viva está.
Recibimos la Sagrada comunión.
¡EUCARISTÍA!

La gracia del Señor se derrama.
El pan que es fortaleza del alma
es Cristo en sacramento de Amor.
¡EUCARISTÍA!

Jesús hoy nos invita a su mesa.
Quien coma de Él tendrá vida eterna.
Es Cristo a quien recibimos hoy.
¡EUCARISTÍA!

# Catequesis FAMILIAR

## ORIENTACIONES PARA LOS PADRES:

La Eucaristía es esencial para nuestra fe cristiana, también para los niños. Por eso, es muy importante que los Domingos participemos con ellos en la celebración de la Eucaristía.

**1** Para empezar hacemos la señal de la Cruz.

**2** **Volvemos a ver** con papá y mamá el vídeo de la página 69 y les explicamos lo que hemos visto.

**3** **Completa las palabras** de Jesús con ayuda de tus padres:

Mientras comían, Jesús tomó _____ y, pronunciando la bendición, lo partió y se lo dio diciendo: «Tomad y comed, esto es _____». Y todos comieron. Después tomó el _____, pronunció la acción de gracias, y les dijo: «Esta es mi _____ de la alianza, que es derramada por muchos. Y todos bebieron».

También les dijo:

«Haced esto _____ mía».

**4** Estos son los objetos que usa el sacerdote en la consagración. **Investiga su nombre**, para qué se utilizan y escríbelo.

# Encuentro 11
## MUERTE Y RESURRECCIÓN DE JESÚS

**Objetivo:** Avivar la fe en Jesús que vive para siempre.

Catecismo "Jesús es el Señor", n. 20 y 21

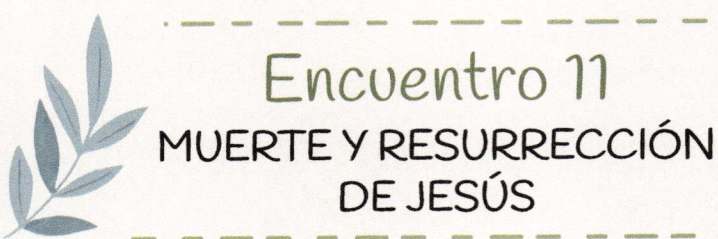

Catequista

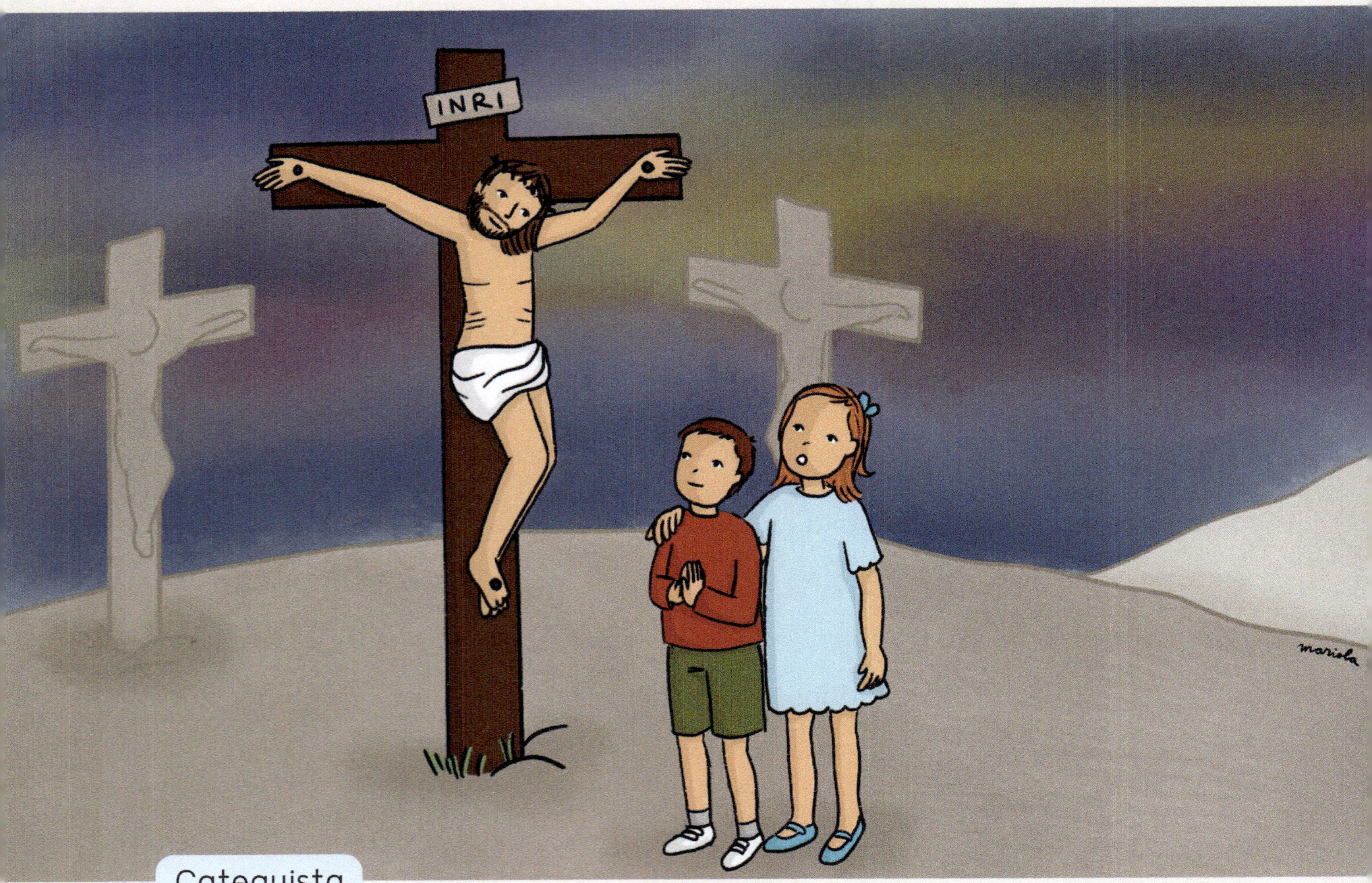

Al terminar la Última Cena comienza la Pasión de Jesús. Fue apresado por sus enemigos, azotado, coronado de espinas y conducido a la muerte en la Cruz, su cadáver fue depositado en un sepulcro y al tercer día... ¡JESÚS RESUCITÓ! ¡La Vida pudo más que la muerte!

Conversamos

¿A quién están mirando Kico y Cuca? ¿Por qué está Jesús clavado en la Cruz? ¿Por quiénes está ofreciendo su vida?

## Cuca y Kico rezan ante Jesús en la Cruz

Es Semana Santa y Cuca y Kico van con toda la familia a ver la procesión del Viernes Santo. En este día se recuerda la muerte de Jesús en la Cruz. Es un día de silencio, de pensar mucho en el inmenso amor que Dios nos tiene.

Llega el "paso" con una imagen de nuestro Señor clavado por las manos y los pies en la cruz; tiene el costado atravesado por una lanza, y en la cabeza una corona de espinas.

—La santa Cruz es la señal del cristiano —recuerda Cuca lo que ha aprendido en catequesis.

—Porque en ella murió Jesús para redimirnos —completa Kico.

Cuando la procesión acaba, Kico coge a su hermana de la mano y, señalando la iglesia en la que van a guardar la imagen de Jesús, dice a todos:

—¡Corred, vamos a arrodillarnos ante la Cruz para que Jesús vea que no queremos dejarle solo!

La abuela añade:

—Y también le daremos gracias por su Sacrificio, pues debéis recordar que lo hizo voluntariamente para salvarnos del pecado y abrirnos las puertas del Cielo; quiso así demostrar el inmenso amor que nos tiene.

Y todos, en silencio, estuvieron un rato largo de rodillas rezando ante la cruz.

## PIENSA Y CONTESTA

¿Sabéis que la Cruz es "la señal del cristiano"? ¿Por qué será?

¿Cómo puedes tú agradecer a Jesús su inmenso Sacrificio?

La BIBLIA nos cuenta

**CATEQUISTA:** Los enemigos de Jesús inventaron muchas mentiras para condenarlo a muerte. Una vez logrado su propósito, le cargaron sobre los hombros una pesada cruz de madera y le obligaron a llevarla hasta el monte Calvario.

**LECTOR:** *Al llegar, los soldados le clavaron en la Cruz… ¡cuánto dolor! La Virgen María estaba con san Juan al pie de la Cruz. Al verla, dijo Jesús a su Madre: «Ahí tienes a tu hijo»; luego dijo a su discípulo: «Ahí tienes a tu Madre». Y desde aquella hora el discípulo la recibió en su casa. Jesús perdonó a los que le habían crucificado, y después de invocar a su Padre del Cielo entregó su espíritu y murió.*

(Cf. Jn 19, 25…).

*Pero Jesús ya había anunciado: "Es preciso que sufra mucho, que sea golpeado, escupido, y que muera; pero al tercer día resucitaré".* (Cf. Lucas 9, 22).

**Conversamos**

¿Qué pensaría Jesús mientras sufría en la Cruz?
¿Por quiénes ofreció su vida y su dolor?
¿Qué les dijo a su Madre y a san Juan?
Jesús **perdonó** a sus verdugos… ¿Qué enseñanza podemos sacar de esto?
Jesús anunció: *"Al tercer día resucitaré"*. ¿Qué significan estas palabras?

## ACTI VIDA DES

link

Canal YouTube Editorial Salesiana

¡Vamos a ver el vídeo
"Muerte y Resurrección
de Jesús"!

**Después, conversamos:**
¿Qué hizo Jesús en la Última Cena?
¿Quién le condenó a muerte?
¿A quiénes perdonó
Jesús desde la Cruz?
¿Qué sucedió al tercer día de
ponerle en el sepulcro?

**Une con flechas:**

Pero Jesús, por ser el Hijo de Dios, no podía ser vencido por la muerte,
sino que triunfó sobre la muerte y RESUCITÓ:

Jesús murió ●        ● al tercer día

Jesús perdonó ●        ● en la Cruz

Jesús resucitó ●        ● a los que le habían matado

**Colorea** la siguiente frase:

## ¡ALELUYA! ¡JESÚS HA RESUCITADO!

**Decimos** todos juntos:

## ¡JESÚS, GRACIAS PORQUE NOS HAS ABIERTO LAS PUERTAS DEL CIELO!

**¡Vamos a celebrar con los ángeles que Jesús ha resucitado!**
Hacemos la señal de la cruz y encendemos una vela que representa la **LUZ** de Jesús en el mundo.

Catequista:
¡Alabado sea nuestro Señor Jesucristo que venció a la muerte con su Resurrección. Esta gran victoria la celebramos cada domingo, participando en la eucaristía, el sacramento del Amor!

Todos:
¡Alabado sea Jesucristo, vencedor de la muerte!

## REZAMOS JUNTOS

Gracias, Jesús, porque has muerto en la Cruz por cada uno de nosotros, y porque después de morir has resucitado y VIVES PARA SIEMPRE. Tu Resurrección es anuncio de la nuestra, si somos buenos discípulos tuyos.

## ¡Cantamos!

Canal YouTube Alaba Kids

### ¡El Señor Resucitó!

El Señor resucitó. ¡Aleluya!
Muerte y tumba el venció. ¡Aleluya!
Con su fuerza y su virtud
cautivó la esclavitud. ¡Aleluya!
Cristo que en la Cruz sufrió. ¡Aleluya!
Y en desolación se vio. ¡Aleluya!
Hoy en gloria celestial. ¡Aleluya!
Reina vivo e inmortal. ¡Aleluya!
Cristo nuestro salvador. ¡Aleluya!
De la muerte vencedor. ¡Aleluya!
Pronto vamos sin cesar. ¡Aleluya!
Tus loores a cantar.
¡Aleluya! ¡Aleluya!

## ORIENTACIONES PARA LOS PADRES:

Jesús, con su poder infinito al ser Dios y su inmenso amor hacia los hombres, ha triunfado sobre la muerte y nos da la alegría de su Resurrección, que celebramos cada DOMINGO.

**1** Para empezar hacemos la señal de la Cruz.
Volvemos a ver con papá y mamá el vídeo de la página 75 y les explicamos lo que hemos visto.

**2** La Resurrección de Jesús, que celebramos cada DOMINGO, nos trae muchas cosas buenas. Descúbrelas **completando cada frase** con una de estas palabras:

CONSUELO    COMPAÑÍA    ALEGRÍA    VALOR

Donde hay tristeza da _____ .

Donde hay dolor da _____ .

Donde hay soledad da _____ .

Donde hay miedo da _____ .

**3** **Rezamos a la Virgen María** esta oración pascual llena de alegría:

–Reina del Cielo, alégrate, ¡aleluya!
–Porque el Señor a quien has merecido llevar, ¡aleluya!
–Ha resucitado según su palabra, ¡aleluya!
–Ruega al Señor por nosotros, ¡aleluya!
–Gózate y alégrate, Virgen María, ¡aleluya!
**–¡Porque verdaderamente ha resucitado el Señor!**
**¡ALELUYA!**

# Encuentro 12
## LA ASCENSIÓN Y EL ESPÍRITU SANTO

**Objetivo:** Avivar la fe en Jesús que desde el Cielo nos envía el Espíritu Santo para dar Vida a la Iglesia y a cada cristiano.

Catecismo "Jesús es el Señor", n. 22 y 24

### Catequista

¡Qué victoria tan formidable la de Jesús al resucitar! Venció al pecado, a la muerte y al demonio y nos abrió las puertas del Cielo, que estaban cerradas desde el pecado de Adán y Eva. Jesús en cada Misa renueva su victoria, su Muerte y su Resurrección, y da a sus discípulos como Alimento espiritual su Cuerpo y su Sangre, su misma Vida divina.

### Conversamos

¿A quiénes derrotó Jesús con su Resurrección?

¿Dónde nos da ahora Jesús su Vida divina para que podamos vivir como hijos de Dios?

## "Id por todo el mundo"

—¡Vamos, arriba, que ya es hora de salir de la cama!

La abuela da un beso a cada uno y retira las sábanas mientras anuncia:

—¡Hoy hay sorpresa! ¡Tortitas con nata para desayunar!

—¿Qué celebramos? —preguntan a la vez Cuca y Kico.

—La Ascensión del Señor al Cielo, que fue cuando...

—¡Me lo sé, me lo sé muy bien! —interrumpe Cuca— ¡Fue el momento en el que Jesús regresó al Cielo con su Padre!

—¡Síííí! —Kico se pone de pie de un salto para hacerse oír bien— ¡Y los apóstoles se quedaron "embobaos", porque Jesús subía al Cielo, despacito, hasta que una nube lo ocultó.

—¡"Embobaos"! —ríe el abuelo— ¿Sabes, Kico? Se les aparecieron dos ángeles y les apremiaron a cumplir el mandato que Jesús les había dado, ¿no es así?

—Sí, abuelo, el mandato era que debían ir al mundo entero a predicar el Evangelio y a bautizar a todos —resume Cuca— ¡Y Kico y yo hemos hecho el propósito de no faltar en adelante ningún domingo a Misa!

—Pero —interviene Kico— me gustaría que fuéramos todos juntos, ¿vale?, que la familia que reza unida agrada más a Jesús —Y Kico lo reafirma dando un buen bocado a su tortita.

### PIENSA Y CONTESTA

¿Cómo pudo Jesús subir al Cielo si no tenía alas? ¿Necesitó ayuda? ¿Qué relación tiene la Misa con la Muerte, Resurrección y Ascensión de Jesús al Cielo?

La **BIBLIA** nos cuenta

**CATEQUISTA:** Jesús había traído una **Misión** al venir al mundo. ¿Sabéis cuál era esa misión? Era realizar, anunciar y comunicar su **SALVACIÓN** al mundo entero. Pero hasta el momento de su Ascensión, su Evangelio solo había llegado a unos cientos de hombres y de mujeres de Palestina. ¿Qué hizo entonces Jesús para que su **misión** se difundiera por todo el mundo y para que su **Evangelio** fuera conocido y vivido por millones y millones de seres humanos de todas las lenguas y razas?

**LECTOR:** *Jesús, antes de despedirse de sus discípulos, les dijo: «Recibiréis la fuerza del Espíritu Santo que va a venir sobre vosotros, y seréis mis testigos en Jerusalén, en Judea y Samaría y hasta el último rincón de la tierra. Dicho esto, a la vista de ellos, se fue elevando al Cielo, hasta que una nube se lo quitó de la vista»* (Hechos 1, 8-9).

**Conversamos**

¿Qué misión encargó Jesús a sus discípulos antes de subir al Cielo?
¿Esa misión se ha cumplido ya o se debe proseguir?
¿Quiénes deben proseguir ahora esa misión?
¿Qué ayudas nos dejó Jesús para llevar a cabo esta misión?

# ACTI VIDA DES

link

Canal YouTube IctusMultimedia

¡Vamos a ver el vídeo "Pentecostés"!

**Después, conversamos:**
¿Era una misión fácil o difícil?
¿Qué dificultades iban a encontrar al anunciar el Evangelio?

---

## ¿Verdadero o Falso?

Rodea la respuesta verdadera.

**F** Jesús no dio ningún mandato a sus discípulos **V**

**F** Jesús les dio un mandato: que cada uno se fuera a su casa **V**

**F** El mandato fue anunciar el Evangelio al mundo entero **V**

---

## La misión era:

## "ID POR TODO EL MUNDO Y ANUNCIAD EL EVANGELIO A TODAS LAS GENTES"

**Pensamos:**
¿Era una misión fácil o difícil?
¿Qué dificultades iban a encontrar al anunciar el Evangelio?

---

Para esta misión tan difícil, Jesús les prometió que les enviaría al:

E_P_R__U S_NT_

CELEBRAMOS

Nos reunimos en torno a la BIBLIA, el único libro del mundo que ha sido "inspirado por el Espíritu Santo", de modo que su verdadero autor es DIOS.

Después encendemos una vela y nos la vamos pasando de uno a otro diciendo estas palabras:

"Te paso esta luz como símbolo de la PALABRA DE DIOS que debemos anunciar a todo el mundo".

# CANTAMOS AL ESPÍRITU SANTO

"Ya llegó, ya llegó, el Espíritu Santo ya llegó"

Canal YouTube jesusesmife

Oración del Catequista con todo el grupo de Catequesis:

**Dios todopoderoso. Envía sobre este grupo el Espíritu Santo: llena a estos niños de espíritu de sabiduría y de inteligencia, de espíritu de consejo y de fortaleza, de espíritu de ciencia y de piedad. Y cólmales del espíritu de tu santo temor. Por Jesucristo nuestro Señor.**

Todos:
**Amén.**

82

Cate quesis **FAMILIAR**

## ORIENTACIONES PARA LOS PADRES:

Los niños pequeños entienden que Jesús, después de subir al Cielo, nos haya dejado el Espíritu Santo para recordarnos todo lo que Él nos enseñó y amar más a Dios y a los demás.

**1** Para empezar hacemos la señal de la Cruz. Ahora **recordemos en familia** algunas cosas importantes que hemos aprendido en este curso de catequesis:

¿En qué momento bajó el Espíritu Santo en forma de paloma sobre Jesús? ¿Qué doble misión dio Jesús a sus apóstoles cuando se fue al Cielo? (búscalo en este mismo encuentro).

**2** Volvemos a ver con papá y mamá el **vídeo** de la página 81.

**3** **Miramos otra vez** despacio el dibujo del comienzo de este encuentro y lo comentamos en familia. Amando mucho a nuestros padres y hermanos y unidos cada DOMINGO a Jesús Resucitado iremos todos juntos camino del CIELO.

**4**
¡Vamos a ver el vídeo "La fiesta del cielo"!

link

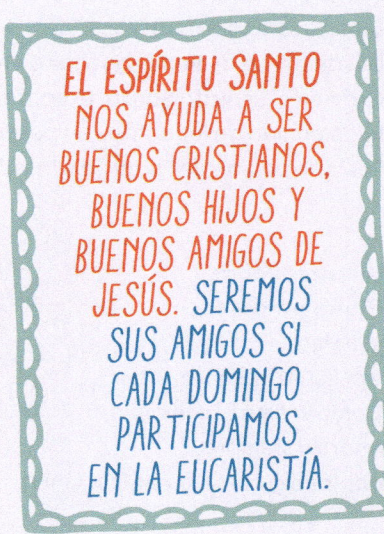

EL ESPÍRITU SANTO NOS AYUDA A SER BUENOS CRISTIANOS, BUENOS HIJOS Y BUENOS AMIGOS DE JESÚS. SEREMOS SUS AMIGOS SI CADA DOMINGO PARTICIPAMOS EN LA EUCARISTÍA.

# Oraciones comunes

### La señal de la Cruz

*Es la señal del cristiano, pues en ella murió Jesús para salvar a los hombres de sus pecados.*

En el nombre del Padre,
y del Hijo,
y del Espíritu Santo. Amén.

Por la señal (†) de la Santa Cruz,
de nuestros (†) enemigos,
líbranos, Señor, (†) Dios nuestro.
En el nombre del Padre, y del Hijo,
y del Espíritu Santo. Amén.

### Símbolo de los Apóstoles (o CREDO)

Creo en Dios, Padre Todopoderoso,
Creador del cielo y de la tierra.
Creo en Jesucristo, su único Hijo,
Nuestro Señor, que fue concebido por obra y gracia
del Espíritu Santo. Nació de Santa María Virgen,
padeció bajo el poder de Poncio Pilato.
Fue crucificado, muerto y sepultado,
descendió a los infiernos,
al tercer día resucitó de entre los muertos,
subió a los cielos y está sentado a la derecha de
Dios, Padre todopoderoso.
Desde allí ha de venir a juzgar a vivos y muertos.
Creo en el Espíritu Santo, la santa Iglesia católica,
la comunión de los santos, el perdón de los pecados,
la resurrección de la carne y la vida eterna. Amén.

### Gloria al Padre

Gloria al Padre,
y al Hijo,
y al Espíritu Santo.
Como era en el principio,
ahora y siempre,
por los siglos de los siglos. Amén.

### Padre nuestro

Padre nuestro que estás en el cielo,
santificado sea tu Nombre;
venga a nosotros tu Reino;
hágase tu voluntad en la tierra como en el cielo.
Danos hoy nuestro pan de cada día;
perdona nuestras ofensas,
como también nosotros perdonamos
a los que nos ofenden;
no nos dejes caer en la tentación,
y líbranos del mal. Amén.

### Ave María

Dios te salve, María,
llena eres de gracia;
el Señor es contigo.
Bendita Tú eres entre
todas las mujeres,
y bendito es el fruto
de tu vientre, Jesús.
Santa María,
Madre de Dios,
ruega por nosotros,
pecadores, ahora
y en la hora
de nuestra muerte.
Amén

## El Ángelus

El ángel del Señor anunció a María.
Y concibió por obra y gracia del Espíritu Santo.

*Dios te salve, María...*

He aquí la esclava del Señor.
Hágase en mí según tu palabra.

*Dios te salve, María...*

Y el Verbo de Dios se hizo carne.
Y habitó entre nosotros.

*Dios te salve, María...*

Ruega por nosotros, Santa Madre de Dios,
para que seamos dignos de alcanzar
las promesas de Jesucristo.

Oración:
Infunde, Señor, tu gracia en nuestras almas,
para que, los que hemos conocido,
por el anuncio del Ángel,
la Encarnación de tu Hijo Jesucristo,
lleguemos por los Méritos de su Pasión y su Cruz,
a la gloria de la Resurrección.
Por Jesucristo Nuestro Señor. Amén.

## Acto de Contrición

Señor mío Jesucristo, Dios y hombre verdadero,
Creador, Padre y Redentor mío.
Por ser tú quien eres, Bondad infinita,
y porque te amo sobre todas las cosas,
me pesa de todo corazón haberte ofendido.
También me pesa que puedas castigarme
con las penas del infierno.
Ayudado de tu divina gracia propongo firmemente
nunca más pecar, confesarme y cumplir la
penitencia que me fuera impuesta. Amén

# Fórmulas de doctrina católica

## Los siete Sacramentos de la Iglesia

· Bautismo
· Confirmación
· Eucaristía
· Penitencia
· Unción de los enfermos
· Orden
· Matrimonio

## El doble mandamiento del amor

Amarás al Señor tu Dios con todo tu corazón,
con toda tu alma, con toda tu mente.
Amarás al prójimo como a ti mismo.

## Regla de oro de la caridad (Mt 7, 12)

Tratad a los demás como queráis que ellos os traten
a vosotros.

## Las Bienaventuranzas

· Bienaventurados los pobres de espíritu, porque de
  ellos es el Reino de los cielos
· Bienaventurados los mansos, porque ellos
  poseerán la tierra
· Bienaventurados los que lloran, porque ellos serán
  consolados
· Bienaventurados los que tienen hambre y sed de
  justicia, porque ellos serán saciados
· Bienaventurados los misericordiosos, porque ellos
  alcanzarán misericordia
· Bienaventurados los limpios de corazón, porque
  ellos verán a Dios
· Bienaventurados los que trabajan por la paz,
  porque ellos serán llamados hijos de Dios
· Bienaventurados los perseguidos a causa de la
  justicia, porque de ellos es el Reino de los cielos
· Bienaventurados seréis cuando os injurien, os
  persigan y digan contra vosotros toda clase de
  calumnias por mi causa. Alegraos y regocijaos
  porque vuestra recompensa será grande en el cielo.

## Las tres virtudes teologales

1. Fe
2. Esperanza
3. Caridad

## Las cuatro virtudes cardinales

1. Prudencia
2. Justicia
3. Fortaleza
4. Templanza

## Los siete dones del Espíritu Santo

1. Sabiduría
2. Entendimiento
3. Consejo
4. Fortaleza
5. Ciencia
6. Piedad
7. Temor de Dios

## Los Mandamientos de la Ley de Dios

Los Mandamientos de la Ley de Dios son diez:

· El primero, amar a Dios sobre todas las cosas.
· El segundo, no tomar el nombre de Dios en vano.
· El tercero, santificar las fiestas.
· El cuarto, honrar padre y madre.
· El quinto, no matar.
· El sexto, no cometer actos impuros.
· El séptimo, no robar.
· El octavo, no decir falso testimonio ni mentir.
· El noveno, no consentir pensamientos ni deseos
  impuros.
· El décimo, no codiciar los bienes ajenos.

Estos diez mandamientos se resumen en dos: Amar
a Dios sobre todas las cosas, y al prójimo como a ti
mismo.

## Los cinco mandamientos de la Iglesia

1. Oír misa entera todos los domingos y fiestas de guardar.
2. Confesar los pecados mortales al menos una vez al año, y en peligro de muerte, y si se ha de comulgar.
3. Comulgar al menos por Pascua de Resurrección.
4. Ayunar y abstenerse de comer carne cuando lo manda la Santa Madre Iglesia.
5. Ayudar a la Iglesia en sus necesidades.

## Las siete obras de misericordia corporales

1. Visitar y cuidar a los enfermos.
2. Dar de comer al hambriento.
3. Dar de beber al sediento.
4. Dar posada al peregrino.
5. Vestir al desnudo.
6. Redimir al cautivo.
7. Enterrar a los muertos.

## Las siete obras de misericordia espirituales

1. Enseñar al que no sabe.
2. Dar buen consejo al que lo necesita.
3. Corregir al que yerra.
4. Perdonar las injurias.
5. Consolar al triste.
6. Sufrir con paciencia los defectos de los demás.
7. Rogar a Dios por vivos y difuntos.

## Los siete pecados capitales

1. Soberbia
2. Avaricia
3. Lujuria
4. Ira
5. Gula
6. Envidia
7. Pereza

## Los novísimos

1. Muerte
2. Juicio
3. Infierno
4. Gloria

La iglesia

Imagen

Sagrario

Confesionario

Ambón

Crucifijo

Sede

Cirio pascual

Altar

Pila bautismal

# Catequesis
### de Orientación
# Catecumenal
## NIÑOS